CHRISTIAN FELDMANN

Johannes XXIII.

CHRISTIAN FELDMANN

Johannes XXIII.

Seine Liebe – sein Leben

HERDER
FREIBURG · BASEL · WIEN

Umschlaggestaltung: Finken & Bumiller, Stuttgart
Umschlagmotiv: Felici

2. Auflage 2001
Alle Rechte vorbehalten – Printed in Germany
© Verlag Herder Freiburg im Breisgau 2000
Herstellung: Freiburger Graphische Betriebe
Gedruckt auf umweltfreundlichem,
chlor- und säurefrei gebleichtem Papier
ISBN 3-451-27326-8

INHALT

Was wäre ohne Johannes XXIII.
aus Taizé geworden?

Am 3. Juni 1963 erfuhr ich vom Tod Johannes XXIII., als wir Brüder gerade zum Abendgebet gingen. Am Ende des Gebets wollte ich in der Kirche von Taizé einige Worte über diesen viel geliebten Menschen sagen. Aber es kam mir kein Wort über die Lippen. Es war, als würde sich der Boden unter meinen Füßen auftun: Würde das tiefe Vertrauen, das uns mit dem Dienstamt Johannes' XXIII. im Herzen der katholischen Kirche geschenkt worden war, nun verloren gehen?

Bei seinem Besuch in Taizé am 5. Oktober 1986 erinnerte Johannes Paul II. an die Liebe, die sein dritter Vorgänger unserer Communauté entgegengebracht hatte. Seine Worte erfüllten uns mit Dankbarkeit: »Ich möchte euch meine herzliche Verbundenheit mit den einfachen Worten sagen, mit denen Papst Johannes XXIII., der euch überaus liebte, einmal Frère Roger begrüßte: ›Oh, Taizé, der kleine Frühling!‹«. Johannes Paul II. fügte erläuternd hinzu: »Es ist mein Wunsch, dass der Herr euch als einen anbrechenden Frühling, dass er euch klein, dass er euch in der evangelischen Freude und der Lauterkeit der brüderlichen Liebe bewahre.«

Kardinal Gerlier, seinerzeit Erzbischof von Lyon, ergriff 1958 die Initiative, uns bei Johannes XXIII., der eben zum Papst gewählt worden war, einzuführen. Der Kardinal wollte ihm die Frage der Versöhnung unter den Christen ans Herz legen und bat ihn, uns gleich zu Beginn seines Dienstamtes zu empfangen. Warum so rasch? Der Papst sei ein alter Mann, meinte der Kardinal, er würde nun vielerlei zu hören bekommen; da sei es wichtig, dass er unverbraucht im Gedächtnis behalte, was wir zu sagen hätten.

Johannes XXIII. war bereit, uns seine erste Audienz zu widmen, und empfing uns sofort nach der Amtseinführung. Seine Begrüßung war schlicht und voller Spontaneität. Er hörte es gern, dass wir von Versöhnung sprachen, klatschte in die Hände und sagte: »Bravo! Bravo!«. Er bat uns wiederzukommen, um das Gespräch weiterzuführen. Im Lauf der Unterhaltung wollte ich ihm versichern, dass wir in Taizé Tag und Nacht »für das Konklave« gebetet hatten, das ihn eben gewählt hatte. Aus Versehen sagte ich, wir hätten »für das Konzil« gebetet. Er gab eine erstaunliche Antwort, auf die ich mir zunächst keinen Reim machen konnte: »Warten Sie, warten Sie ein wenig!« Seit jener ersten Begegnung waren wir uns seiner Zuneigung gewiss. Von da an gab er uns ungeahnten Auftrieb und prägte sich unauslöschlich in unser Leben ein.

Als Johannes XXIII. einige Wochen später ein Konzil ankündigte, sagte er Worte, die uns zutiefst berührten und eine völlig neue Perspektive der Versöhnung eröffneten: »Wir werden keinen historischen Prozess aufrollen. Wir werden nicht untersuchen, wer Unrecht hatte und wer im Recht war. Wir werden einfach sagen: Versöhnen wir uns!«

Er hatte die Eingebung, ein Konzil könne Wege der Versöhnung unter den Christen bahnen. Aus seiner Sicht ging es darum, »die Falten im Gesicht der Kirche zu glätten«. Wir waren sehr dankbar, als wir ersucht wurden, beim Konzil als Beobachter anwesend zu sein. Ich habe den Tag nicht vergessen, an dem der Brief in Taizé eintraf: Die Einladung, an dieser Beratung teilzunehmen, war wie ein Geschenk Gottes! Später erfuhren wir, dass Johannes XXIII. nach einer Begegnung, zu der wir am 13. Oktober 1962 bei ihm waren, über

Taizé gesagt hatte: »Wir haben nicht verhandelt, sondern miteinander gesprochen, wir ergingen uns nicht in Erörterungen, sondern waren in Liebe zusammen.«

Unsere letzte Begegnung fand am 25. Februar 1963 statt. Wir waren zu dritt bei ihm, mit Frère Max und Frère Alain. Der Heilige Vater hatte ein weit fortgeschrittenes Krebsleiden und wusste, dass der Tod nahte. Man hatte uns darauf aufmerksam gemacht. Einer seiner Mitarbeiter hatte uns mitgeteilt, dass unsere Audienz auf einen Tag gelegt würde, an dem Johannes XXIII. weniger Schmerzen habe, er sich ausruhe und nur uns empfinge. Jene Audienz dauerte ungewöhnlich lange. Wir waren uns bewusst, dass wir ihn nicht wiedersehen würden, und wollten von ihm eine Art geistliches Testament hören. Es wurde uns deutlich, wie sehr ihm daran gelegen war, dass wir hinsichtlich der Zukunft unserer Berufung unbesorgt seien. Er machte mit den Händen kreisförmige Bewegungen und erläuterte: »Die katholische Kirche besteht aus konzentrischen Kreisen, größer und immer größer.« Wäre das Wesentliche nicht schon erreicht, wenn wir den Weg mit dem Frieden des Herzens weitergingen, anstatt uns Sorgen zu machen? Der Papst wollte uns ein Wort der Ermutigung mitgeben: »Machen Sie weiter, immer weiter.« So konnten wir den eingeschlagenen Weg sorglos fortsetzen.

Nach dem Tod Johannes XXIII. sandte uns sein Sekretär ein zweibändiges Brevier, mit dem er während seiner Zeit als Papst gebetet hatte.

Einige Jahre später hatten wir zweimal Giuseppe Roncalli, den jüngsten Bruder des Papstes, mit seinem Enkel Fulgenzio zu Gast. Der betagte Mann nahm alles aufmerksam in Augenschein. Er bemerkte unter anderem, wie ärmlich die Jugendlichen auf unserem Hügel untergebracht waren. Eines Abends sagte er zu seinem Enkel: »Von Taizé wird etwas ausgehen, was mein Bruder begonnen hat.« Der Bauer aus der Gegend von Bergamo hatte verstanden, wie sehr wir seinem Bruder zugetan waren, und er wusste, dass diese Liebe auf Gegenseitigkeit beruhte. Es stimmt, was er sagte: Was wäre ohne Johannes XXIII. aus Taizé geworden?

FRÈRE ROGER, TAIZÉ

PROLOG

»Ein als Papst verkleideter Mensch«

»Un grasso! Ein Dicker!« rief die vornehme Dame auf dem Petersplatz voll Entsetzen, ließ ihr Fernglas sinken und drohte in Ohnmacht zu fallen. Auf der Loggia des Petersdomes war der neu gewählte Papst erschienen – zu Fuß, ohne den bis dahin üblichen prunkvollen Tragsessel, eine untersetzte Gestalt mit einem gutmütigen Bauerngesicht. Es war der 28. Oktober 1958.

Dass er nicht besonders fotogen war, wusste Angelo Roncalli selbst: »O Gott, dieser Mann wird eine Katastrophe im Fernsehen«, seufzte er ein paar Tage nach der Papstwahl, als er seine ausgeprägte Nase und die weit abstehenden, riesigen Segelohren im Spiegel betrachtete.

Der Kontrast zum Vorgänger konnte nicht größer sein. Pius XII. hatte die katholische Kirche zwei Jahrzehnte lang wie ein absoluter Monarch regiert, und er sah aus wie ein Erzengel. Alles an ihm schien überirdisch: die schlanke, hochragende Gestalt, das wie aus Marmor geschnittene Profil, die oft in die Ferne gerichteten Augen unter funkelnden, randlosen Brillengläsern, die majestätischen Gesten, der ebenso machtbewusste wie beschwörende Stil seiner Reden. Diese Botschaften an die Welt, jede von ihnen ausgefeilt bis ins letzte Wort wie eine kleine Enzyklika, verlas er feierlich vom Blatt.

Bei seinen Auftritten meinte man etwas vom Glanz des Himmels zu spüren. Aber selbst wenn er mit ekstatisch ausgebreiteten Armen seine Sorge um die Kriegs- und Bombenopfer bekundete und Gott um Frieden anflehte, wirkte er merkwürdig fremd und distanziert; beim Segnen durchschnitten seine schmalen Hände die Luft wie Messer. Die Katholiken sahen in ihm so etwas wie einen König. Die einen stöhnten unter seinem Regiment, die anderen verehrten ihn wie einen Abgesandten der himmlischen Heerscharen – geliebt wurde er von wenigen.

Und jetzt dieser gutmütige Plauderer, der seine bäuerliche Herkunft auch nach fünf Jahrzehnten im diplomatischen und bischöflichen Dienst nicht verleugnen konnte! Er schritt nicht, er watschelte – man kann es nicht anders sagen. Er kratzte sich vor laufender Kamera hinter den Ohren und schnäuzte sich am Mikrofon. Er liebte spontane Ansprachen, bei denen er vom Hundertsten ins Tausendste kam und manchmal endlos schwadronierte. Bei offiziellen Empfängen im bescheidenen Amtssitz des Patriarchen von Venedig erzählte er Witze und sorgte für köstliche Anekdoten.

Kein Monarch, sondern ein Opa. Nichts von himmelstürmender Majestät, aber viel Erdverbundenheit und familiäre Nähe. Einen »als Papst verkleideten Menschen« sollte ihn die Dichterin Marie Luise Kaschnitz gerührt nennen. Damals bei seiner Wahl war die katholische Welt eher enttäuscht.

Wo kam er denn schon her, der knapp 77-jährige Überraschungspapst? Pius war ein echter Römer gewesen, aus vornehmer Juristenfamilie; sein Vater hatte dem Vatikan als Advokat gedient. Die Roncallis dagegen bauten seit Jahrhunderten Mais und Weizen in einem lombardischen Dörfchen namens Sotto il Monte an – nie gehört!

Als Schuljunge – das brachten eifrige Reporter bald heraus – hatte Angelo Roncalli zwar Kürbisse geklaut, aber keineswegs durch besondere Noten geglänzt. Er besaß weder Seelsorgepraxis als Gemeindepfarrer noch Kurienerfahrung.

Im Gegenteil: In seinen jungen Jahren war er den Kirchenbehörden des »Modernismus« verdächtig erschienen. Damit er nur ja kein Unheil anrichten konnte, hatte ihn der Vatikan auf die unbedeutendsten und entlegensten diplomatischen Posten geschickt, weit fort auf den Balkan. Mit 63 Jahren dann endlich die ehrenvolle Berufung als Nuntius nach Paris, mit 71 Kardinal und Patriarch des wichtigen Bistums Venedig. Schön und gut, eine Art später Ehrenrettung – aber gleich Papst?

Er sei ein Kompromisskandidat gewesen, konnte man hören; beim Konklave hätten sich die Erzkonservativen und die Fortschrittlichen gegenseitig blockiert, und so habe man den fast 77-Jährigen gewählt. *Papa di passagio,* schrieben die Zeitungen etwas geringschätzig, ein Übergangspapst.

Wie recht sie hatten! Der Brüsseler Kardinal Leon Suenens, eine Pioniergestalt des konziliaren Aufbruchs, urteilte später: »Aus der Sicht der Geschichte wird es ohne Zweifel erlaubt sein zu sagen, dass er für die Kirche ein neues Zeitalter eröffnete und dass er für den Übergang vom 20. zum 21. Jahrhundert die Grenzpfähle absteckte.«

In der Tat, der Verlegenheitskandidat von 1958 löste in der katholischen Kirche einen Erdrutsch aus. In den nur viereinhalb Jahren seiner Regierungszeit gewann die katholische Kirche ein menschlicheres, einladenderes Gesicht, öffnete sie ihre Tore weit für die Fragen und Nöte der Menschen »draußen«. Jahrhundertelang war diese Kirche wie ein starrer Felsblock erschienen, unbeweglich, in sich ruhend, abgekapselt in einer Mischung aus Selbstzufriedenheit und Angst.

Der Roncalli-Papst hatte eine ganz andere Lebenseinstellung: »Die Welt bewegt sich«, hielt er einmal fest. »Es ist notwendig, mit jugendlichem und vertrauensvollem Herzen den richtigen Zugang zu ihr zu finden und nicht die Zeit mit Gegenüberstellungen zu verschwenden. Ich ziehe es vor, mit

15

dem, der geht, Schritt zu halten, statt mich abzusondern und es zuzulassen, dass man an mir vorbeigeht.«

Misstrauische Abgrenzung war nicht seine Sache. Er zeigte sich lernfähig, neugierig, gesprächsbegeistert. Er war ganz anders als jene selbstgerechten Fundamentalisten, die alles immer schon ganz genau zu wissen meinen. Weil sein souveräner, schlichter Bauernglaube keine Berührungsängste und Dialogverbote kannte, vermochte er scheinbar Selbstverständliches in Frage zu stellen und die eingefahrenen Gleise zu verlassen.

Während einer Audienz vertraute Papst Johannes seinen Zuhörern an, was er sich von der Kirche wünschte: »Es ist wichtig, immer in Bewegung zu bleiben und nicht auf überkommenen Bahnen auszuruhen, stets nach neuen Kontakten zu suchen und immerzu aufnahmefähig zu sein für die legitimen Forderungen der Zeit, in welcher zu leben wir berufen sind, damit Christus auf jede Weise verkündet und erkannt werde.«

Das sagte ein Mann, der sich anschickte, das achte Jahrzehnt seines Lebens zu vollenden.

1

DIE WURZELN:

SOTTO IL MONTE – BERGAMO – ROM

»Arm, aber als Kind ehrbarer

und bescheidener Leute geboren,

bin ich besonders froh, arm zu sterben«

Felder und Weinberge

Am Spätnachmittag des 25. November 1881, von den Bergen blies die *Tramontana,* der eisige norditalienische Wind, und es regnete in Strömen, wickelte die Bäuerin Marianna Roncalli (27) ihr am selben Morgen geborenes viertes Kind in warme Tücher und trug es in das Pfarrhaus von Sotto il Monte zur Taufe. Don Francesco Rebuzzini, der Dorfpfarrer, war gerade in Bergamo oder auf Krankenbesuch in einem Nachbarort, das lässt sich nicht mehr genau feststellen.

Marianna, ihr Mann Giovanni, der Großonkel Zaverio als Pate und natürlich der winzige Angelino, wie man ihn fortan nennen sollte, warteten geduldig auf einer harten Sitzbank. Giovanni – ein schnauzbärtiger, dunkelhaariger Mann mit guten, wachen Augen, auf den Fotos erinnern die klassische Roncalli-Nase und die großen, abstehenden Ohren an den späteren Papst – lächelte zufrieden in sich hinein: Nach drei Töchtern endlich ein Sohn, der sich um die Felder und Weinberge kümmern wird, wenn er einmal nicht mehr kann!

Don Rebbuzini kam zurück, und die kleine Gesellschaft wanderte zur nahegelegenen Kirche *Santa Maria Assunta*, Mariä Himmelfahrt, wo Marianna ihren Giovanni geheiratet hatte. Heute war wieder ein Freudentag: Der Jüngste der Roncallis wurde in die Gemeinschaft der Glaubenden aufgenommen.

So begann das einfache, geradlinige Leben des Angelo Giuseppe Roncalli.

Sotto il Monte, wörtlich übersetzt »unter dem Berg«: ein Dorf, besser gesagt, eine Ansammlung verstreuter Gehöfte, in der Nähe von Bergamo, dort, wo die Po-Ebene in die Voralpen übergeht. 1200 Einwohner, immerhin. Schlichte, schindelgedeckte Steinhäuser mit Böden aus roten Ziegeln. Im Sommer riecht es nach Klee und Korn, auf den Hängen wachsen bescheidene Rebstöcke *(ronchi* heißen die Terrassen der Weinberge, der Name Roncalli könnte darauf hindeuten), über der träge fließenden Adda hängt meist ein Hauch von Nebel.

So armselig, wie es gern dargestellt wird, war Angelos Elternhaus gar nicht. Es war mehr als drei Jahrhunderte alt, geräumig, hatte drei Stockwerke und zwei Höfe. Allerdings ging es sehr eng zu in den ineinander verschachtelten Zimmern, denn die Roncallis waren eine Großfamilie von zeitweise 34 Leuten. Sie verfügten über vier Hektar Land und sechs Kühe.

Giovanni Roncalli war ein *mezzadro,* ein Halbpächter, mehr als ein Tagelöhner, weniger als ein Bauer. Das Land gehörte einem reichen Bergamasken; er gab das Kapital, Giovanni seine Arbeitskraft, der Ertrag wurde geteilt. Die Roncallis bauten Mais, Kohl und Weizen an, kelterten einen leicht sauren, starken Wein, züchteten Seidenraupen.

Der Boden war hart und steinig, zu essen gab es Suppe und Polenta, fast nie Fleisch, ein Stück Kuchen nur zu Weihnachten und Ostern. Dennoch habe es für einen Bettler immer noch einen Platz in der Küche und eine warme Mahlzeit gegeben, sollte sich Angelo Roncalli später in Rom erinnern: »Wir waren sehr arm, aber jeder war arm, und so merkten wir nicht, dass uns etwas fehlte.«

Angelo und seine zwölf Geschwister wuchsen in einer gläubigen, aber keineswegs bigotten Atmosphäre auf; zu übertriebenen Frömmigkeitsübungen haben lombardische Bauern keine Zeit. Die erste Wallfahrt seines Lebens führte genau einen Kilometer weit von Sotto il Monte zum Heiligtum der *Madonna delle Caneve,* Maria von der Weinkelter. Die Mutter, die gerade wieder schwanger war, nahm ihre zwei Kleinsten auf den Arm. Angelo, damals vier Jahre alt, und drei seiner Geschwister trabten nebenher. Als sie den steilen Bergpfad zur Kapelle erklommen hatten, war die Messe schon im Gang und das Kirchlein überfüllt.

Als 80-Jähriger schilderte Papst Johannes einer Pilgergruppe mit leiser Wehmut, wie seine Mutter die Kinder nacheinander zum Fenstergitter hob und hineinschauen ließ: »Meine Mutter hob mich hoch und sagte: ›Sieh, Angelo, sieh, wie schön die Madonna ist. Ihr habe ich dich ganz geweiht.‹ Das ist die erste klare Erinnerung, die ich an meine Kindheit habe.«

Doch er war weit davon entfernt, seine frühen Jahre und den harten Alltag der *mezzadri* zu verklären. Als Papst bemerkte er einmal lakonisch, es gebe »drei Methoden, nach denen man sich zugrunde richten kann: Frauen, Spielen und Landwirtschaft. Mein Vater wählte die langweiligste davon.«

Sein Vater: »Einfach und gut« sei er gewesen, »ein Bauer, der sich den ganzen Tag über abplagt mit Graben, Hacken und so fort.« Der kleine Angelo half ihm, so gut er konnte, bei der Traubenernte und beim Versorgen des Viehs, er setzte Rübenstecklinge und schleppte Dünger auf die Äcker.

Auch das Familienleben im Hause Roncalli scheint keine reine Idylle gewesen zu sein. »In unserem Haus«, schrieb Angelo 26-jährig seiner Schwester Ancilla aus Bergamo, »herrscht die schlechte Gewohnheit, ein böses Gesicht zu machen und oft ohne Grund zu brummen. Du darfst es nicht so machen (...)« Und noch 1948 befiel den zum Nuntius in Paris Avancierten in seinem Weihnachtsbrief an den Bruder Giovanni ein Schaudern: »Glücklicherweise ahmt Ihr, meine Brüder, nicht unseren alten Großvater und den Großonkel nach, die nie miteinander sprachen, es sei denn im Streit. (...) Ich erinnere mich, dass ich, als ich klein war, den Herrn in der Kirche inbrünstig darum bat, dass die alten Roncalli ein wenig miteinander sprächen.«

Zum Glück gab es einen anderen Großonkel, Zaverio, den *barba*, wie sie im Land um Bergamo einen alten Junggesellen nennen. Er gab im Familienrat den Ton an und brachte ein Stück große, weite Welt nach Sotto il Monte: *Zio barba* hatte mehrere Zeitungen abonniert, er gehörte zu den Gründungsmitgliedern der sozial engagierten *Katholischen Aktion* in Bergamo und wusste eine Menge über die Missionsländer. Zaverio dürfte dem kleinen Angelino die Augen dafür geöffnet haben, dass Glaube mehr bedeutet als Rosenkranz und Weihnachtskrippe.

Schlechte Noten in Latein und Mathematik

In die Schule marschierte Angelo täglich sechs Kilometer hin und sechs Kilometer zurück durch das Hügelland – barfuß, um die kostbaren Lederschuhe zu schonen. Angelo ging gern in die Schule, zur Verwunderung mancher seiner Kameraden und auch seines Bruders Zaverio; der fand den Weg ins Schulzimmer nur, wenn es regnete. »Daher ist es wohl auch gekommen«, befand Zaverio, »dass er Papst wurde und ich Analphabet geblieben bin.«

Die Bildungsanstalt bestand aus einem einzigen Raum mit drei Bänken, eine für jede Altersstufe. Angelo scheint ein ganz normaler Schüler gewesen zu sein, von besonderen Leistungen ist nichts bekannt. Bis auf jene kleine Sensation beim Besuch des staatlichen Schulinspektors, der in Sotto il Monte die altbekannte gemeine Fangfrage stellte: »Was ist schwerer, ein Zentner Stroh oder ein Zentner Eisen?«

»Ein Zentner Eisen!« krähte die Schülerschar wie aus einem Mund. Bis auf Angelo, der argumentierte, ein Zentner sei ein Zentner.

Den Papstbiographen gaben die einstigen Schulkameraden später natürlich zu Protokoll, sie hätten damals schon gewusst, Angelino werde es zu etwas bringen: »Roncalli kapierte alles wie im Fluge«, erzählte Battistel, der in Sotto il Monte mit Eisenwaren handelte.

Angelos Bruder Giuseppe betonte das phänomenale Gedächtnis des Knaben: »Sogar jetzt, wo er Papst ist, würde er mitten in einer gefüllten Kirche ein Gesicht wiedererkennen, das er als junger Priester einmal vor sich gehabt hat. So war er schon von klein auf.« Das mag stimmen, man weiß aber auch, dass Papst Johannes Schwierigkeiten hatte, sich Namen zu merken.

Don Rebuzzini, Landpfarrer mit Leib und Seele, der um jedes kranke Kälbchen und jede Blattlausplage in seiner Gemeinde wusste, aber auch gebildet und belesen war, legte sich bei *Zio barba* ins Zeug: Sollte aus dem aufgeweckten Jungen wirklich nichts anderes werden als ein Landpächter? Offenbar hatte Angelo auch schon laut von einem Priesterdasein geträumt; zumindest seiner Cousine Camilla hatte er davon erzählt, mit der er gern spielte und Abenteuer bestand. Einmal schlichen sie sich in ein Trauerhaus, um eine Leiche zu sehen. Sie fanden die tote alte Frau in einem muffigen, dunklen Zimmer, mit weit offenstehendem Mund, ein unheimlicher Anblick. Erschrocken liefen sie davon.

Don Rebuzzini und der Großonkel Zaverio vermittelten Angelo jetzt erst einmal Lateinstunden bei Pietro Bolis, der Gemeindepfarrer im benachbarten Carvico war, und Italienischunterricht bei dessen Kaplan. Beide erzielten nur begrenzte Erfolge – was sicher auch daran lag, dass Don Bolis zwar freigebig Prügel verteilte, aber über wenig pädagogisches Talent verfügte. »Ich musste übersetzen und die Nominative und Akkusative finden«, berichtet Roncalli später über seine Caesar-Lektüre, »und wenn ich einen Fehler machte, versetzte er mir einen Schlag. Manchmal ließ er mich zur Strafe draußen knien.«

Noch als Papst musste Bolis' unglücklicher Schüler zur Vorbereitung auf das Konzil lateinische Konversation üben, und sein Italienisch wies eine deutliche mundartliche Färbung auf. Bei Audienzen sprach er mit Pilgergruppen aus der alten Heimat voller Freude Bergamaskisch.

Nach einem Jahr durfte Angelo die Prügelstrafen seines Sprachlehrers mit dem bischöflichen Kolleg – einer Vorbereitungsanstalt für das Priesterseminar – in Celana vertauschen. Wieder ein Fehlschlag: Obwohl er außer ein wenig Latein kaum etwas vom gymnasialen Lehrstoff beherrschte, steckte man den Neunjährigen gleich in die dritte Klasse, wo er neben Zwölf- und Dreizehnjährigen die Schulbank drückte. Die in der Regel aus bürgerlichem Milieu stammenden Zöglinge verspotteten den Kleinen wegen seiner Bauernmanieren, und der Lateinlehrer war ein noch gröberer Leuteschinder als Don Bolis. Angelo: »Er brachte es fertig, dass ich das wenige, was ich wusste, vergaß.« Ähnlich schlechte Noten heimste er in Italienisch und Mathematik ein.

Zudem fühlte er sich bei den Verwandten, wo man ihn untergebracht hatte, überhaupt nicht wohl. Möglicherweise hatte er auch ein schlechtes Gewissen seinem Vater gegenüber, der ungern auf Angelos kräftige Hände verzichtete: »Er ist der Sohn eines armen Bauern, er wird ein armer Priester werden«, knurrte Giovanni.

Schließlich erschien ein rettender Engel in der Gestalt von Don Rebuzzini auf der Bildfläche. Er bereitete Angelo einen ganzen Sommer lang intensiv auf das Knabenseminar in Bergamo vor und erwies sich dabei als so feinfühlig, dass der Junge Freude am Lernen bekam und Selbstbewusstsein entfaltete. Bald darauf stellte ihn Don Rebuzzini einem vornehmen Kleriker aus Bergamo vor, dem Grafen Morlani. Seinem Bruder gehörte das Land, das die Roncallis bestellten. Angelo machte einen so guten Eindruck auf den Grafen, dass er sich bereit erklärte, seine Ausbildungskosten bis zur Priesterweihe zu übernehmen. Der Weg war geebnet. Vater Giovanni atmete beruhigt auf.

Doch Angelo, der stets bedürfnislos lebte und als Diplomat des Vatikans so nebenher für seine unverheirateten Schwestern, etliche mittellose Seminaristen und ein Waisenhaus sorgte, sollte seine einfache Herkunft nie vergessen. Als er Nuntius in Paris war, so erzählte er seinem Bruder Zaverio, fiel ihm bei einem Empfang im feudalen Élysée-Palast plötzlich seine Mutter ein: »Mir war so, als ob unsere Mama aus einer Ecke hervorkäme und in ihrer Einfachheit fassungslos sagte: ›Madonna! Wo in aller Welt ist mein Angelo denn da hingeraten?‹«

Seine Mutter! Sie wollte ihren Jungen nicht ganz ohne Geld auf die Reise in das Seminar nach Bergamo schicken. Einen ganzen Tag lang lief sie von einem Nachbarn zum andern und brachte zwei Lire, ungefähr 50 Pfennig nach damaliger Währung, zusammen. Eine lächerliche Summe, die sie Angelo am Abend weinend auf den Tisch legte.

»Frauen gegenüber soll man auch die kleinste Vertraulichkeit meiden«

Bergamo: die Stadt Donizettis und der commedia dell' arte, geprägt von der Renaissance, ein kleines Städtchen, aber keineswegs verschlafen. Bergamo, in dessen Fabriken elende Arbeitsbedingungen herrschten, galt damals als Zentrum des sozialen Katholizismus in Italien. Die Bergamasken waren eisern papsttreu und brachten so viele Priesteramtskandidaten hervor wie kein anderes Bistum des Landes, aber sie waren auch geistig beweglich, politisch eigensinnig und brennend interessiert an neuen Ideen.

Das Knabeninternat, zu dessen Zöglingen Roncalli von 1892 bis 1895 gehörte, und das Priesterseminar, in dem er fünf weitere Jahre verbrachte, hatte der frische Geist freilich noch nicht erreicht. Man praktizierte eine – durchaus liebevolle und fröhliche – Gettoerziehung im alten Stil. Schutz vor den Versuchungen der gottlosen Welt, Abschottung gegen konkurrierende Lebensmodelle (Zeitungen waren verboten, sogar der *Osservatore Romano*), peinlich genaue Selbstkontrolle, ein auf die Minute genau geregelter Tageslauf zwischen Gottesdienst und Studium, privater Andacht und Gewissenserforschung, Predigt, Schweigezeit und geistlicher Tischlesung.

Angelo entwickelte einen Feuereifer darin, die Kanten und individuellen Prägungen seiner Persönlichkeit abzuschleifen und alle möglicherweise verbotenen Lüste auszumerzen. Die strenge Hausordnung des Seminars genügte ihm nicht; als 14-Jähriger erbat er sich von seinem geistlichen Mentor die verschärften *Kleinen Regeln,* die für besonders strebsame Kandidaten reserviert waren. Angelo schrieb sie sorgsam in ein Heft; es sind die ersten Seiten jenes berühmten *Tagebuchs der Seele,* das er von da an bis an sein Lebensende führte, mit detaillierten Vorsätzen, schrecklichen Selbstvorwürfen, wenn er sie nicht zu halten vermochte, und grüblerischen Zwiegesprächen mit Gott. Nach seinem Tod wurde das Tagebuch des Papstes zum Bestseller; aber die meisten Leser haben es vermutlich bald wieder beiseite gelegt. Zu hausbacken erscheint heute die darin enthaltene Frömmigkeit, zu technisch der Stundenplan dieser Religiosität (»Zwischen 18 und 21 Uhr fünf ›Vaterunser‹ und ›Gegrüßet seist du Maria‹ zu Ehren der fünf Wunden unseres Herrn Jesus Christus beten und wenigstens drei Akte der Selbstverleugnung zu Ehren der Mutter Gottes verrichten«).

»Bis jetzt habe ich immer mit Gott gespielt, aber mit Gott spielt man nicht«, stellt der Jüngling erschrocken fest und gelobt, sich vor »nichtsnutzigen Kameraden« zu hüten. Offenbar gab es auch im Priesterseminar von Bergamo welterfahrene Burschen, »die gerne mit Personen des anderen Geschlechts verkehren und über Liebesgeschichten sprechen; die häufig Gasthäuser besuchen und unmäßig sind, vor allem im Trinken; die als rachsüchtig, streitsüchtig und skrupellos gelten wollen« (Roncalli). Beim Karten- oder Würfelspiel will er »nicht einmal zuschauen«, scherzhafte Raufereien mit Freunden verbietet er sich ebenso wie leichtfertige Blicke auf Frauen: »Man soll ihnen gegenüber auch die kleinste Vertraulichkeit meiden, die in irgendeiner Weise gefährlich oder verdächtig sein könnte.«

Man muss dem jungen Seminaristen zugute halten, dass er dieses von Lebensangst und fromm verbrämter Weltverachtung strotzende Programm zum größten Teil nicht selbst formuliert hat. Am Ende seiner Ausbildungszeit, als er Präfekt wird und seine jüngeren Kameraden zu beaufsichtigen hat, legt er eine deutlich offenere Haltung an den Tag; seine Religiosität ist menschlicher geworden: Einer der Priesteramtskandidaten trottet den ganzen Tag mit gesenkten Augen umher, nicht einmal seinen Mitstudenten sieht er ins Gesicht. Roncalli nimmt ihn beiseite und macht ihm klar – so erzählt er später –, »dass es Tyrannei sei, so zu leben, und dass er die Übertreibung in allen Bereichen außer der Liebe zu Gott vermeiden solle«. Der menschenscheue Kandidat empfing zwar die Priesterweihe, schied später aber aus dem geistlichen Dienst aus.

Das Studium macht Roncalli mittlerweile Freude, er beginnt sich für Geschichte zu interessieren, stöbert in Bergamos glanzvoller Vergangenheit herum. Es stört ihn nicht, dass er im Priesterseminar nur eine philosophische und theologische Schmalspurbildung erhält, solide zwar, aber ohne großen intellektuellen Anspruch. Ob er davon geträumt hat, eine Universität zu besuchen, vielleicht sogar eine weltliche? Wir wissen es nicht.

Probleme bereitet ihm stattdessen die Abnabelung von seiner Familie. Wenn er in den Sommerferien nach Sotto il Monte zurückkehrt, geben ihm manche deutlich zu verstehen, dass man ihn für einen arroganten Schnösel hält, der sich mit dem geistlichen Studium ein angenehmes Leben machen will. Muss er denn dauernd über seinen Lehrbüchern brüten, während sich die Geschwister auf den Feldern abplacken? Irgendwann beschwert sich jemand, Mama Roncalli setze ihrem Ältesten ein besseres Essen vor als den anderen. Die Mutter wiederum fühlt sich durch unbedachte Bemerkungen des Sohnes gekränkt. Angelo in seinem Tagebuch: »Ich hatte mich dabei ein wenig gegen ihre Neugier ausgesprochen. Sie war sehr beleidigt (...) Und wenn sie meinetwegen traurig gewesen ist, so war ich es noch viel mehr, wenn ich ihre Traurigkeit sah und, offen gesagt, ihre Schwäche.«

Um so liebevoller klingen Angelos Briefe aus dem 1901 bezogenen römischen Seminar – aber auch ein wenig erleichtert, dem häuslichen Dauerkonflikt entronnen zu sein. Der 20-Jährige hat ein Stipendium für das *Pontificio Seminario San Apollinare* bekommen, das einen hervorragenden Ruf genießt, auch in wissenschaftlicher Hinsicht. Ein Kolleg speziell für begabte Bergamasker Studenten, finanziert durch eine Stiftung aus dem 17. Jahrhundert, ist dem Päpstlichen Seminar eingegliedert. Das Bauwerk sieht grau und düster aus, Angelos Zimmer erinnert an eine Gefängniszelle: das Bett so hart wie eine Pritsche, ein einziges vergittertes Fenster hoch oben unter der Decke. Aber der zum Römer aufgestiegene Dorfjunge ist begeistert: »Wir leben wie die Fürsten«, schreibt er nach Hause und schwärmt vom guten Essen.

Römischer Glanz und das »barbarische« Militär

Der Madonna in der Hauskapelle empfiehlt er die Seinen jeden Morgen. In der Ewigen Stadt gibt es so viel zu sehen! Bei einer Akademie im Kolleg der *Propaganda Fide* hat er die künftigen Missionare in vierzig Sprachen über ihre Studiengebiete referieren hören. »Da waren alle Farben vertreten, weiße, gelbe, rote. Einige hatten das Gesicht, die Hände schwarz wie Kohle. Und der Papst? Ich konnte ihn am Sonntagabend in St. Peter inmitten von Tausenden von Lichtern sehen. Ich konnte nahe bei ihm sein (...) Und er, dieser gute alte Mann, hat auch Euch alle miteinander gesegnet. (...) Addio! Der Herr segne Euch! Euer Kleriker Angelo.«

Der »gute alte Mann« im Vatikan war Leo XIII.; er zählte fast 90 Jahre, regierte bereits 22 Jahre, zeigte sich aber geistig immer noch erstaunlich agil. Das beginnende 20. Jahrhundert begrüßte er mit einer begeisterten Hymne – natürlich lateinisch. Leo gilt als erster »moderner« Papst. Er verehrte den vom Lehramt einst verurteilten Galilei, gründete die vatikanische Sternwarte, hob eine Hochschule für Literatur und Literaturkritik aus der Taufe. Er öffnete die Archive des Vatikans für die Forschung und zitierte gern die Forderung Ciceros: »Erste Norm des Geschichtsschreibers ist es, die Wahrheit zu sagen, sodann nichts Wahres zu verschweigen.« Umfassend gebildet, weltoffen, kritisch fragend, suchte er die Kirche in einen Dialog mit der zeitgenössischen Kultur zu bringen. Statt von »Schismatikern« und »Häretikern« sprach er lieber von »getrennten Brüdern«, und die Katholiken forderte er auf, mit »allen anständigen Menschen« zusammenzuarbeiten.

Als man Roncalli fast sechs Jahrzehnte später selbst zum Papst wählte, knüpfte er an diesen unbefangenen Stil an. Dabei hatte er damals nur das Ende von Leos Regierungszeit miterleben können. Zudem musste er das *Pontificio Seminario* nach wenigen Monaten bereits wieder verlassen: Gerade hatte er, der Bauernjunge, einen Preis für eine Arbeit in Hebräisch bekommen, da wurde er zum Wehrdienst einberufen. Für Geistliche eine »barbarische« Pflicht, wie er meinte. Als Rekrut Nr. 11331-42 rückte er in Bergamo in die Kaserne ein, um nun für ein Jahr dem 73. Infanterieregiment der Brigade Lombardei anzugehören.

Obwohl er den Dienst überhaupt nicht liebte und als seine »Babylonische Gefangenschaft« bezeichnete, waren seine Vorgesetzten mit dem Soldaten Roncalli zufrieden. Sie gaben ihm gute Noten in der Schießausbildung und beförderten ihn zum Korporal, später sogar zum Sergeant. Einmal bekam er einen Arrest, weil sich seine Leute irgendeines Ungehorsams schuldig gemacht hatten.

Viel schlimmer war für ihn die schwüle Atmosphäre, die in so einer Kasernenstube herrscht, die sexuellen Prahlereien und Fantasien der Kameraden, die ihren Triebstau mit großmächtiger Angabe zu bewältigen suchten. Roncalli war verwirrt, entsetzt, geschockt. »Wie hässlich ist die Welt, wie abstoßend, wie schmutzig«, notierte er in sein Tagebuch. »Das Militär ist eine Quelle, aus der Fäulnis aufsteigt, um die Städte zu überschwemmen. (...) Ich habe nicht geglaubt, dass vernünftige Menschen sich so erniedrigen können.«

Aufatmend kehrte er nach Rom zurück, wo ganz andere Versuchungen auf ihn warteten: Sie waren mehr intellektueller Natur und verbargen sich hinter Bucheinbänden oder in Gesprächen mit Freunden. »Ich habe ein heftiges Verlangen, alles zu wissen«, notierte Angelo, »alle bedeutenden Autoren zu kennen, über jede wissenschaftliche Strömung in ihren vielfältigen Richtungen im Bilde zu sein«. Ein löbliches Unterfangen für einen Studenten, möchte man meinen. Doch der Wind am Tiber drehte sich, als 1903 Papst Leo starb und der Patriarch von Venedig, Giuseppe Sarto, zu seinem Nachfolger gewählt wurde. Pius X., wie er sich nannte, war ein liebenswürdiger Seelsorger und ein schlichtes Gemüt, voller Angst vor unkontrollierten Gedanken und dem freien Spiel des Geistes.

In seinen Dekreten und Enzykliken verurteilte der Papst alles, was ihm nicht katholisch schien oder was er – wie ihm milde urteilende Kirchenhistoriker heute zugute halten – nicht verstand. Seine Einflüsterer erfanden ein grauenhaft perfektes System von Denunziation und einen gespenstischen Begriff, der jede Abweichung vom Gewohnten mit Häresieverdacht bedrohte: *Modernismus.*

Roncalli liebte und verehrte den neuen Papst, der ein norditalienischer Bauernsohn war wie er selbst. Aber er dachte und handelte anders – instinktiv und unbefangen, ohne sich dessen bewusst zu sein. In seinem Tagebuch verspricht er, sich um »Harmonie, Ausgewogenheit und Klarheit des Urteils« bemühen zu wollen. »In den strittigen Punkten werde ich als Unwissender lieber schweigen, als kühne Behauptungen aufzustellen, die auch nur im geringsten vom Glaubenssinn der Kirche abweichen.« Im selben Atemzug fügt er der Palette seiner Vorsätze aber auch eine »kluge und umsichtige Weite der Ansichten« hinzu und verteidigt seine Liebe zum kritischen Denken: »Ich halte mich auf dem laufenden über neue Gedankengänge, über ihre unaufhörliche Entwicklung und studiere die Tendenzen. Die Kritik ist für mich Licht, und die Wahrheit ist heilig und unteilbar.«

Genauso hatte es auch Leo XIII. gesagt. Unbeirrt pflegte der Seminarist Roncalli gefährliche Freundschaften wie die zu Ernesto Buonaiuti, einem hochintelligenten Kopf, der als Professor für Kirchengeschichte an der römischen Sapientia-Universität 1924 exkommuniziert wurde und 1931 seinen Lehrstuhl auf Betreiben von Mussolinis Schwarzhemden verlor. Roncalli hatte Buonaiuti als Gefährten für seine Spaziergänge durch Rom ausgelost, wofür er nichts konnte, das war so Brauch im Seminar, aber er suchte sich den fast Gleichaltrigen, bereits zur Würde des Altars Gelangten auch als Assistenten bei seiner eigenen Priesterweihe aus.

Noch als Papst bekannte er freimütig, von dem Gebannten viel gelernt zu haben. Er nannte ihn respektvoll bei seinem Priestertitel, »Don Ernesto«, und widmete ihm in einer nicht genau zu datierenden Aufzeichnung ein »trauerndes Gedenken«: Am Karsamstag 1946 war Buonaiuti 64-jährig gestorben, voll glühender Liebe zur Kirche, die ihn in Acht und Bann getan hatte. Roncalli: »Natürlich war da kein Priester, der seinen Leichnam gesegnet, und kein Gotteshaus, das ihm eine Grabstätte geboten hätte. – Worte aus seinem geistlichen Testament (...): ›Ich kann geirrt haben. Aber wenn ich auf das Wesentliche schaue, was ich gelehrt habe, so finde ich keinen Stoff zum Abschwören oder Widerrufen.‹ – Dominus parcat illi [Der Herr sei ihm gnädig].« Auf der römischen Diözesansynode sorgte Papst Johannes für einen Beschluss, wonach man unglückliche und exkommunizierte Priester nicht allein lassen, sondern die persönlichen Beziehungen zu ihnen aufrechterhalten solle.

Italiens ehemaliger Ministerpräsident Giulio Andreotti, der über seine hervorragenden Beziehungen zu Päpsten und Kurienprälaten freimütig und stolzgeschwellt zu berichten wusste, hat auf Roncallis Freundschaft zu Don Giulio Belvederi hingewiesen. Belvederi ist laut Andreotti ein fähiger Bibelwissenschaftler gewesen, bekam aber wegen seiner Vorliebe für als »modernistisch« verrufene Bücher keinen Lehrstuhl. Am Abend nach seiner Papstwahl, »um 22 Uhr«, habe Johannes XXIII. seinen alten Freund Belvederi im römischen Priscilla-Kolleg angerufen, wo er seinen Ruhestand verlebte, und zwanzig Minuten mit ihm geplaudert.

Im Juli 1904 promovierte der 22-jährige Roncalli in Theologie; Assistent beim schriftlichen Examen war der bereits im vatikanischen Staatssekretariat tätige Monsignore Eugenio Pacelli, der spätere Papst Pius XII. Am 10. August erhielt Angelo Giuseppe Roncalli in der nicht besonders bekannten Kirche *Santa Maria in Monte Santo* an der römischen *Piazza del Popolo* die Priesterweihe. Die Eltern und Großonkel Zaverio konnten nicht dabei sein, die Bahnfahrt wäre zu teuer gewesen; aber sie freuten sich auf Angelos Heimatprimiz in Sotto il Monte fünf Tage später, am Fest Mariä Himmelfahrt. Vorausgegangen war Roncallis erste Messe in Rom, in der Krypta der Peterskirche, wo er sechs Jahrzehnte später sein Grab finden würde.

Eine Audienz bei Papst Pius X. schloss sich an, der gerade erst ein Jahr regierte und Neupriestern gern diese Gunst gewährte. Wann er zu Hause sein werde, fragte er den vor ihm knienden Angelo leutselig. »An Mariä Himmelfahrt«, stammelte dieser aufgeregt. Darauf der Papst, versonnen lächelnd: »Was wird das für ein Fest werden, dort oben in dem kleinen Dorf, und in dieser schönen Landschaft von Bergamo, und welch ein festliches Geläute an diesem Tag!«

Nach Rom zurückgekehrt, begann Roncalli Spezialstudien in Kirchenrecht, hielt ein paar verunglückte Vorträge bei frommen Vereinen (»ein Fiasko«) und beobachtete verwirrt die rapide voranschreitenden Veränderungen im Kirchenregiment. Eines ihrer prominentesten Opfer, Monsignore Giacomo Maria Radini-Tedeschi, wurde nach wenigen Monaten Roncallis Arbeitgeber – und darüber hinaus Vorbild, Vaterfigur und Schicksal.

Ein Bischof auf der Seite der Streikenden

Radini-Tedeschi war eine elegante, stattliche Figur, aus adeliger Familie deutsch-schweizerischer Abstammung, die sich seit jeher sozial engagiert hatte. Sein Vater organisierte 1890 in den italienischen Großstädten Beratungsstellen, um die Handwerkervereine gegen ein soeben erlassenes Gesetz zu verteidigen, das den Einzug ihres Vermögens zu Gunsten des Staates verfügte. Der Sohn führte diese Familientradition fort. Kantig, aufbrausend, autoritär, aber mit einem goldenen Herzen kämpfte er für die Rechte der Kirche und der kleinen Leute, nicht mit »Nadelstichen«, sondern mit »Kanonen«, wie es Roncalli später formulierte.

Mit 33 Jahren war der in Theologie und Kirchenrecht promovierte Radini-Tedeschi ins vatikanische Staatssekretariat berufen und mit wichtigen Missionen in Wien und Paris betraut worden. Er konnte es sich leisten, das Angebot Papst Leos auszuschlagen, ganz in den diplomatischen Dienst zu gehen und eine Karriere als Nuntius zu machen. Die Raffinessen der Diplomatie widersprächen dem christlichen Gewissen, soll er dem entgeistert lauschenden Heiligen Vater geantwortet haben.

Stattdessen durfte er jetzt von Rom aus die Tätigkeit der katholischen Verbände Italiens koordinieren, als Redner herumreisen – 1.300 Termine allein im Heiligen Jahr 1900! – und als geistlicher Leiter der *Opera dei Congressi* fungieren, der sozialen Organisationen des italienischen Katholizismus. Die Bewegung war natürlich von Bergamo ausgegangen und umfasste binnen kurzer Zeit allein in diesem Bistum rund 200 Konsumvereine, Versicherungs- und Baugenossenschaften, Darlehenskassen für Bauern und kleine Handwerker, Winzervereine, Genossenschaftsmühlen, Volksküchen.

Die Katholiken, die sich hier engagierten – mindestens 40 000 waren es im Bistum Bergamo –, konnten sich als treue Gefolgsleute von Papst Leo XIII. betrachten, der in seiner zukunftsträchtigen Enzyklika *Rerum novarum* 1891 die soziale Erneuerung zu den Aufgaben der Kirche gerechnet hatte. Leo: Weder christliche Caritas noch staatliche Gesetze allein könnten eine ungerechte Situation heilen, in der Produktion und Handel zum »Monopol von wenigen« zu entarten drohten und »wenige übermäßig Reiche einer Masse von Besitzlosen ein geradezu sklavisches Joch« auferlegten. Die Frucht der Arbeit gebühre demjenigen, der die Arbeit geleistet habe. Der

Papst suchte einen eigenständigen Weg christlicher Gerechtigkeit zwischen Sozialismus und Liberalismus; er wies der Selbstorganisation der Betroffenen eine wichtige Rolle bei der Lösung der Probleme zu und stärkte damit die katholische Arbeiterbewegung.

Wenn sich die Katholiken in der »sozialen Frage« engagierten, kamen sie freilich in Konflikt mit einer anderen vatikanischen Richtlinie, die sie zur Abstinenz von der Politik anhielt. Seit der Zerschlagung des Kirchenstaates fühlten sich die Päpste als Opfer der italienischen Einigungsbewegung. In dieser Nation durften sich die Katholiken nicht heimisch fühlen. Es gab allerdings immer mehr Laien, die meinten, der Papst solle sich von den alten Zeiten lösen, den Verlust seiner weltlichen Macht als Befreiung sehen und dem Katholizismus wieder einen Platz im politischen Leben Italiens verschaffen. Aus diesen Strömungen entstand später die *Democrazia Cristiana*.

Bergamo erwies sich dabei wieder einmal als Vorreiter. Bei den Parlamentswahlen blieben die Katholiken in ihrer übergroßen Mehrheit zwar brav zu Hause, wie von Rom befohlen. An den Gemeindewahlen beteiligten sie sich aber so geschlossen, dass die Verwaltung fast überall in ihre Hände überging. Katholische Überzeugung sei keine Sache für das Museum, sagte Professor Niccolò Rezzara, der die soziale Bewegung in Bergamo anführte. Sozialismus und Anarchismus könne man nur verhindern, wenn man mit der eigenen Trägheit Schluss mache.

Dass sich Laien derart auf ihren eigenen Kopf verließen und damit auch noch Erfolg hatten, konnte dem neuen Papst nicht gefallen. Die soziale Bewegung vertrete zwar keine so schlimmen Irrtümer wie der Modernismus, ließ er verlauten, sie sei aber attraktiver und deshalb viel gefährlicher. Pius X. bremste die Aktivitäten. Er löste die *Opera dei Congressi* kurzerhand auf und benutzte das gute alte Mittel der Beförderung, um Monsignore Radini-Tedeschi aus der vatikanischen Machtzentrale zu entfernen: Er ernannte ihn zum Bischof von Bergamo.

Möglicherweise war es gar keine Strafversetzung, wie man damals meinte; denn als Brennpunkt des sozialen Katholizismus war die Diözese dem neuen Bischof sozusagen auf den Leib geschneidert; die sozialen Verbände und Hilfswerke blieben in Bergamo kraft päpstlicher Sondergenehmigung erhalten; und Pius weihte Radini-Tedeschi, was höchst ungewöhnlich war, persönlich zum Bischof. Als einer der Ministranten fungierte dabei Angelo Roncalli.

Radini-Tedeschi, der aus Piacenza stammende Aristokrat, bat den Rektor des Seminars *San Apollinare,* ihm einen Sekretär zu besorgen, der die Mentalität und die Probleme der Bergamasken kannte. Verschiedene junge Priester wurden getestet, indem man ihnen die Korrespondenz des Bischofs zur Erledigung übertrug. Schließlich entschied sich Radini-Tedeschi, damals 47, für den 23-jährigen Roncalli. Er sei »am meisten römisch geprägt«, hieß es, und Angelo betrachtete das durchaus als Kompliment.

Fortan galt er als »Schatten« seines Bischofs. Wer an Radini-Tedeschi herankommen wollte, musste die Hürde Roncalli passieren. Er wusste alles, bereitete alle Termine vor, war bei delikaten Gesprächen dabei, immer wach und aufmerksam – und doch diskret, verschwiegen und zurückhaltend bis zur Selbstverleugnung. Es sind Eigenschaften, die den späteren Diplomaten und Kirchenführer Roncalli entscheidend geprägt haben.

Innerhalb von vier Jahren besuchte der neue Bischof sämtliche 352 Pfarreien seines Bistums, er kümmerte sich um die Sanierung baufälliger Gotteshäuser, verpasste dem Dom eine neue Inneneinrichtung und ließ im Priesterseminar fließendes Wasser und eine Zentralheizung einbauen; sein Sekretär war überall beteiligt und lernte dabei mehr über moderne Gemeindeseelsorge und ihre höchst irdischen Begleitprobleme, als ihm irgendein Priesterausbilder hätte beibringen können.

An der Seite des vitalen, weit über Bergamo hinaus engagierten und angesehenen Bischofs lernte der einstige Bauernbub die »Welt« kennen und knüpfte einige wichtige Kontakte: Achille Ratti, der Direktor der Mailänder *Ambrosianischen Bibliothek* und spätere Papst Pius XI., war mit Radini in derselben Schulklasse gesessen, Giacomo della Chiesa, Erzbischof von Bologna und 1914 als Benedikt XV. zum Papst gewählt, war einer seiner besten Freunde. Die Führungspersönlichkeiten der katholischen sozialen Bewegung gingen im Bischofshaus von Bergamo ein und aus, und Roncalli erlebte auch die Treibjagd auf Kardinal Andrea Carlo Ferrari von Mailand mit, der die Kirche wieder in ein Gespräch mit der zeitgenössischen Bildungswelt und mit der Arbeiterklasse bringen wollte.

Und natürlich hatte er teil an der ungestümen sozialen Leidenschaft seines Bischofs. Er half ihm bei der Einrichtung eines Büros für Auswanderungswillige, einer *Liga der Arbeiterinnen* und einer Hilfsorganisation für Schwangere mit dem poetischen Namen *Casa di Maternità,* Haus der Mütterlichkeit. Der Bischofssekretär kannte die Treffs von Gewerkschaftlern und die schlecht geheizten Wohnungen in den Vorstädten.

»Unser hervorragender Don Roncalli hat sogar versucht, die Telefonistinnen zu organisieren«, lästerte man damals in Bergamo über ihn. »Wenn er sich doch endlich mit einer Gewerkschaft der Mesner zufrieden gäbe!«

Nach Rom gingen geharnischte Beschwerdebriefe über den Bischof und seinen »Schatten«, die sich beide beim Bürgertum verdächtig gemacht hatten. Das geschah, als die Hütten-

arbeiter im nahegelegenen Ranica für eine Verringerung ihrer
Arbeitszeit – zehneinhalb Stunden an sechs Tagen pro Woche
– und eine geringfügige Lohnerhöhung streikten. Ohne Lohn-
fortzahlung natürlich, immer die drohende Entlassung vor
Augen.

Der Bischof und sein Sekretär gehörten zu den wenigen,
die Volksküchen und Hilfsgelder organisierten. Das Echo war
gespalten: Während das Bistumsblatt von Bergamo einen
Unterstützungsfonds für die Streikenden einrichtete, donner-
te die rechts stehende Zeitung *Perseveranza*: »Das Almosen des
Bischofs ist eine Weihe des Streiks, ein Segen für eine offen
sozialistische Sache!«

Roncalli konterte mit intelligenten Artikeln in der Kir-
chenzeitung *La vita dioecesana*: Er berief sich auf Papst Leos
Plädoyer für die Gewerkschaften und nannte es nicht nur ein
Recht, sondern sogar die Pflicht der Kirche, sich in politische
Belange einzumischen. »Der Priester, der im Licht der Lehren
des Evangeliums lebt, kann nicht auf der anderen Straßensei-
te vorbeigehen«, schrieb er mit deutlicher Anspielung auf die
Kultdiener, die im biblischen Gleichnis auf der Straße nach
Jericho wandern und den von Räubern Ausgeplünderten acht-
los liegen lassen. Weil Christi besondere Liebe »den Entrech-
teten, Schwachen und Bedrückten« gelte, hätten Bischöfe und
Gemeindepfarrer die Pflicht, Leute zu unterstützen, die »für
die Sache der Gerechtigkeit leiden«.

Rückblickend sollte Roncalli später bekräftigen, in Ranica
hätten nicht irgendwelche Lohnfragen auf dem Spiel gestanden, sondern »das fundamentale Prinzip der Freiheit zur
christlichen Organisation der Arbeit gegenüber der mächtigen
Organisation des Kapitals«. Mit der Hilfe aus Kirchenkreisen
konnten die Streikenden fünfzig Tage durchhalten – bis die
Gründung einer Metallarbeitergewerkschaft genehmigt wurde.

Papst Pius X., der offenbar doch nicht immer so holzschnittartig dachte, weigerte sich, die »Aufrührer« zur Rechenschaft zu ziehen. »Wir können Euch für das, was Ihr zu tun für klug erachtet habt, nicht tadeln«, schrieb er nach Bergamo, »da Ihr mit dem Ort, den betroffenen Personen und den Umständen bestens vertraut seid.« Radini-Tedeschi kommentierte den Brief etwas ironisch, manche seien der Ansicht, Klugsein bedeute, nichts zu tun. Nein: »Klugsein bedeutet Handeln – und zwar richtig!«

Angst vor römischen Spionen

Vielleicht war die Bemerkung auch als sanfter Tadel für seinen Sekretär gedacht, der eine breite journalistische Tätigkeit entfaltet hatte und sich dabei nicht immer sehr diplomatisch ausdrückte. Von einer Wallfahrt in das Heilige Land schickte er der gut katholischen Lokalzeitung *L' Eco di Bergamo* sarkastische Berichte über den grauenhaften Straßenzustand: »Wir Italiener würden so etwas gerade noch als Dorfweg akzeptieren. (...) Man lebt hier unter den Türken, und die türkische Regierung versteht sich zwar bestens auf Erpressung und unvorstellbare Ungerechtigkeiten, aber von Straßenbau hat sie keine Ahnung.« Wenn in der Bistumszeitung *La vita dioecesana* ein Artikel historischen Inhalts ohne Verfasserangabe erschien – und es gab zahllose solcher Beiträge –, konnte man ziemlich sicher sein, dass er von Don Roncalli stammte.

Vorsichtig zu formulieren, lernte Angelo erst, als die von Teilen der römischen Kurie betriebene Modernismushysterie ihre Spinnenfinger auch nach ihm ausstreckte. Am 8. September 1907 erschien die päpstliche Enzyklika *Pascendi dominici gregis*, eine schrille Kampfansage an die historisch-kritische

Methode in der theologischen Wissenschaft, an alle nur denkbaren innerkirchlichen Reformforderungen, besonders das Verlangen nach Mitbestimmung, und an den »Amerikanismus«, was immer das sein sollte. Wer den »Modernismus« begünstige oder entschuldige, wer in Geschichte, Archäologie, Bibelwissenschaft einschlägige Thesen vertrete, wer das kirchliche Lehramt zu tadeln wage oder der kirchlichen Autorität den Gehorsam verweigere, sei »ohne weiteres« aus seinem Kirchenamt oder seiner Professur zu entfernen.

In Bergamo führte die harte römische Gangart zu einem Konflikt, als der erzkonservative Mailänder Jesuitentheologe Guido Matiussi hier in Vorträgen gegen alle möglichen Hochschullehrer hetzte, den deutschen Philosophen Immanuel Kant als Glaubensfeind brandmarkte und in einem souveränen Rundumschlag gleich auch noch über den toten Papst Leo XIII. herfiel. Bischof Radini-Tedeschi beauftragte seinen Sekretär mit einer Untersuchung. Roncalli kam zum Ergebnis, der Gastreferent habe »zu absolut und einseitig geurteilt«. Die Wahrheit müsse klar ausgesprochen werden, »aber ich konnte nicht verstehen, warum die Vorträge von Blitzen und Donnerschlägen vom Berg Sinai begleitet sein mussten, anstatt von der Ruhe und Heiterkeit eines Jesus am See oder auf dem Berge«.

In Rom, wo man über ein gut funktionierendes Spitzelsystem verfügte, blieb Radini-Tedeschis distanzierte Haltung dem Scharfmacher gegenüber offenbar ebenso wenig verborgen wie Roncallis interne Stellungnahme. Pius X. höchstpersönlich äußerte sein Missfallen über die mangelnde Linientreue des Bischofs und beschuldigte den Klerus von Bergamo, mit Vorliebe unzuverlässige Autoren zu lesen. Der mächtige Kurienkardinal De Lai nahm sich Roncalli vor: Man habe ihn informiert, dass der Bischofssekretär einer Denkschule zuneige, »die dahin tendiert, den Wert der Tradition und die Autorität der Vergangenheit zu entleeren, eine gefährliche Strömung, die zu schlimmen Folgen führt«.

Angelo Roncalli geriet in Panik. Er schrieb De Lai einen devoten Brief und versicherte unter Eid, »dass ich nie auch nur ein einziges modernistisches Buch, Pamphlet oder eine modernistische Zeitschrift gelesen habe«. Kühn verschwieg er, dass er kurz zuvor in der Kirchenzeitung von Bergamo auf die Kontroverse um einen Kirchenhistoriker eingegangen war, dessen Werk bald auf dem Index landen sollte: Er wolle in dem Streit nicht Partei ergreifen, hatte er in dem Zeitungsartikel erklärt, sondern sich »auf das Lesen und Studieren beschränken«.

Auch in Roncallis Tagebuch finden sich verwirrende Bekenntnisse. Während der Exerzitien mit seinem Bischof 1910 sei er zur Erkenntnis gelangt, »wie weise, zweckmäßig und gut die päpstlichen Anordnungen sind, die darauf ausgehen, besonders den Klerus vor der Ansteckung durch moderne (sog. modernistische) Irrlehren zu bewahren, die auf heimtückische und verführerische Weise die Fundamente der katholischen Lehre zu untergraben suchen«.

Roncalli muss schreckliche Angst gehabt haben. Fürchtete er Spione, die sogar seine Schubladen durchwühlen und das Tagebuch entdecken könnten? Die kirchenhistorischen Forschungen, in die er sich in jenen Jahren flüchtete, zeigen einen ganz anderen Roncalli, der aus der Geschichte Weitblick, Toleranz und den Mut zum angstfreien Gespräch gelernt hat.

Bereits seit 1906 unterrichtete er am Seminar von Bergamo Kirchengeschichte, Patrologie (die Lehre von den Kirchenvätern) und Apologetik (die Verteidigung des christlichen Wahrheitsanspruchs mit wissenschaftlichen Mitteln). Mit Vorträgen in der *Casa del Popolo* (Volkshaus) von Bergamo betätigte er sich in der Erwachsenenbildung; er sprach über das Verhältnis der Kirche zum modernen wissenschaftlichen Denken, über die Geschichte der christlichen Pädagogik, über mittelalterliche Astrologie und die Kultur der Renaissance. Seine Vortragsweise soll anschaulich und von heiterer Gelassenheit gewesen sein; zu den Seminarvorlesungen kam er oft zu spät und lief dann keuchend die Treppen hinauf.

Begeistert pflegte er in Bibliotheken und Handschriftensammlungen herumzustöbern. Im Archiv der Erzbischöfe von Mailand hatte er die Visitationsberichte des heiligen Carlo Borromeo entdeckt, 39 dickleibige Bände mit unschätzbaren Informationen aus der Zeit der Gegenreformation – und zugleich ein sehr konkretes Programm von Kirchenreform, das auf innere Erneuerung und eine intensive Vertrauensbeziehung zwischen Bischof und Klerus, Kirchenleitung und geistlichem Personal, setzte. Roncalli beschloss sofort, die Dokumente kritisch zu durchforsten und herauszubringen; es wurde seine Lebensaufgabe.

Der letzte Band der rund 3 000 Seiten umfassenden Neuedition erschien 1958, im Jahr seiner Wahl zum Papst, und er zog damals gelassen Bilanz: Aus all diesen großen und kleinen Dokumenten erstehe das Bild einer Kirche, die an der »Nachgiebigkeit und Kompromissbereitschaft der armseligen menschlichen Natur« teil habe, gleichwohl aber »in der ständigen Bemühung um Erneuerung und Jugend und in der heiligen Leidenschaft für einen wahrhaft geistigen Fortschritt« imstande sei, den Weg zum richtigen Leben und Handeln zu weisen.

Tief blicken lässt auch Roncallis gründliche Beschäftigung mit einem längst vermoderten Kollegen, dem Kirchenhistoriker Cesare Baronius. Er gehört ebenfalls der Epoche der Gegenreformation an; seine Arbeit stand ganz im Dienst der konfessionellen Kontroverse, mit seinen *Annales Ecclesiastici* suchte er die junge protestantische Geschichtsschreibung auszuhebeln; aber er verzichtete dabei auf die übliche aggressive Polemik, stützte sich ausschließlich auf Quellen und Tatsachen.

Zum 300. Todestag des Kardinals Baronius hielt Roncalli 1907 im Priesterseminar von Bergamo einen hintergründigen Festvortrag. Auf dem Höhepunkt des Konflikts um den »Modernismus« rief er dezent, aber unüberhörbar die Grundüberzeugungen wissenschaftlichen Arbeitens in Erinnerung: Exakte Quellenforschung sei nötig, »damit niemand sagen kann, die Kirche wolle nichts wissen vom Licht, vom ganzen Licht« – und weil der Sieg der Wahrheit, »von woher immer sie kommen mag«, stets ein Sieg der Kirche sein werde. Während Rom die kritische, an der Erfahrung orientierte Geschichtswissenschaft zunehmend misstrauisch betrachtete, stellte Roncalli fröhlich fest, die »erstaunlichen Fortschritte« dieser Arbeit hätten »so viel neues Licht« in die Erforschung der Dogmenentwicklung gebracht.

»*Angelo Roncalli, des Modernismus verdächtig*«

Im Sommer 1914 schien die drohende Katastrophe abgewendet. Pius X. starb 79-jährig, sein Nachfolger Benedikt XV. war, wie wir schon wissen, ein guter Freund von Bischof Radini-Tedeschi und bereit, die unbequemen Aktivitäten in Bergamo zu decken. Mit dem römischen Spitzelsystem räumte er auf, die Kirche öffnete sich wieder der Welt und ihren unberechenbaren Gedanken.

Doch nur wenige Tage nach Pius' Tod starb auch Radini-Tedeschi, wie es der mystisch begabte Papst vorausgesagt hatte. Angelo Roncalli war untröstlich, er widmete seinem geistlichen Vater eine Biografie unter dem Titel *Il Mio Vescovo,* »Mein Bischof«, die im Lauf der Zeit auf knapp 500 Seiten anschwoll.

Zu allem Überfluss musste er auch noch einmal die Uniform anziehen. Diesmal war es ernst. Italien war in den Ersten Weltkrieg hineingestolpert. Die Truppen der untergehenden Donaumonarchie brachten den Italienern furchtbare Niederlagen bei, die Leute begannen zu hungern, Papst Benedikt scheiterte mit seinen Friedensinitiativen auf der ganzen Linie, weil keine Seite bereit war zurückzustecken – aber als Italien am Ende, im Oktober 1918, doch noch einen kleinen militärischen Sieg errang, konnten die patriotischen Legenden sprießen.

Es gab freilich Kriegsteilnehmer, die auf den Schlachtfeldern eine Menge über Politik und die hinter dem allgemeinen Morden steckenden Interessen lernten. Wenn nicht alles täuscht, gehörte der Sanitätsunteroffizier und spätere Leutnant Roncalli dazu. In seinen Briefen an Eltern und Geschwister finden sich zwar keine politischen Bewertungen, und manchmal klingt frommer Fatalismus durch: »Krieg ist Krieg. Deshalb, mein lieber Zaverio, immer den Blick nach oben, ein großmütiges und betendes Herz!« Oder: »Der Herr hat den Krieg nicht zu unserem Verderben, sondern zu unserem Guten zugelassen.«

Aber er macht sich durchaus seine eigenen Gedanken, gibt den Angehörigen zu bedenken, dass die von der Inflation geplagten Deutschen und Österreicher »um vieles mehr leiden als wir«, und lehnt es überhaupt ab, die Welt in Sündenböcke und unschuldige Opfer zu scheiden. Alle Seiten hätten gesündigt, »und sie werden alle, einer nach dem anderen, zur Buße gerufen werden. (...) Aber eines ist sicher: Der gegenwärtige Krieg ist der Krieg des Reichen gegen den Armen, des Wohlgenährten gegen den, der Mühe hat zu leben, des Kapitalisten gegen den Arbeiter, und umgekehrt: Jeder greift an und verteidigt sich, wie er kann.«

In den norditalienischen Lazaretten, wo er gedient hat, Nächte durchwachend, zerrissene Körper verbindend, Sterbende begleitend, lernte er die einst so gefürchtete Welt »draußen« kennen – und schätzen. Er hörte den harten Männern zu, die ihn mit ihrer Brutalität und ihren Weibergeschichten früher so abgestoßen hatten und die jetzt als Schwerverwundete zu verzweifelten Kindern wurden. Er war voller Mitleid mit ihren Schmerzen und voller Bewunderung für ihren Opfermut; denn es war das Vaterland und es waren ihre Frauen und Kinder, wofür sie sich, wie man ihnen eingeredet hatte, zu Krüppeln schießen ließen. »Was für ungeheure Reserven an moralischer Energie sind in unserem Volk vorhanden und wirksam!« notierte er erschüttert. Und schrieb einer Kriegerwitwe, er verneige sich in Ehrfurcht vor ihrem Schmerz: »Ach, wir sind nicht für diese Erde gemacht!«

Allein die Schlacht von Caporetto, als österreichische und deutsche Artillerieverbände die italienischen Truppen aus ihren Schützengräben trieben und hundert Kilometer hinter die Front zurückwarfen, forderte auf italienischer Seite 45 000 Tote und Verwundete; die Sterbenden lagen in Kirchen und Schulen, weil die Lazarette nicht ausreichten. Der Sanitätskaplan Angelo Roncalli stürzte in dunkle Verzweiflung: »Oft konnte ich mich nur noch auf die Knie werfen und wie ein Kind weinen, unfähig, die Gemütsbewegung länger zurückzuhalten beim Anblick des einfachen und heiligen Sterbens so vieler unglücklicher Söhne unseres Volkes.« Noch in seinem letzten Lebensjahr erinnerte er sich: »Ich werde das Schreien eines Österreichers, dessen Brust (...) durch Bajonettstiche zerrissen worden war und den man in das Lazarett von Caporetto gebracht hatte, wo ich Sanitäter war, niemals vergessen. Jenes Bild prägte sich noch tiefer in mir ein, als ich an der Enzyklika *Pacem in terris* arbeitete.«

Die Abdankung des arroganten deutschen Kaisers Wilhelm II. im November 1918 kommentierte der Italiener Roncalli mit unverhohlener Befriedigung: »Das ist einer, der gern *Domine, domine* [Herr, Herr!] sagte und doch den Herrn behandelte wie seinesgleichen.«

Als der Krieg vorbei war, erwartete ihn ein neues Arbeitsfeld. Papst Benedikt übertrug dem 40-jährigen Roncalli, der mittlerweile eines der ersten italienischen Studentenheime gegründet hatte und geistlicher Berater des Frauenverbandes der *Katholischen Aktion* war, die Modernisierung und Internationalisierung des Päpstlichen Missionswerkes *Propaganda Fide*. Das war eine verantwortungsvolle Aufgabe, die ihn durch alle europäischen Länder führte.

Das Päpstliche Missionswerk, eine französische Gründung, von Franzosen geleitet und im Ersten Weltkrieg dementsprechend isoliert, sollte auf eine breitere Grundlage gestellt, in Rom zentralisiert und von Repräsentanten der Weltkirche verwaltet werden. Diese Absicht passte zu Papst Benedikts Vision von der Ablösung der abendländisch geprägten Hierarchien in den Missionsländern durch einen vitalen einheimischen Klerus. Die verdienstvollen Männer der ersten Stunde von der Notwendigkeit einer derart tiefgreifenden Neuorganisation zu überzeugen, verlangte viel Fingerspitzengefühl.

»Hundert Jahre haben wir diese Arbeit hier treu getan«, beschwerte sich ein in Ehren ergrauter Missionsdirektor in Lyon. »Und jetzt wollt ihr in Rom uns dreinreden. Warum?« Roncalli besänftigte ihn in noch nicht ganz perfektem Französisch, aber mit der ganzen Liebenswürdigkeit des geborenen Diplomaten: »Um Ihr gutes Beispiel den anderen Gesellschaften zur Pflicht zu machen. Um alle anderen auf das Niveau der Besten anzuheben!«

Der zum Kurienbeamten Avancierte und zum Monsignore Ernannte, der seine entzückten Schwestern Ancilla und Maria als Haushälterinnen zu sich nach Rom holte, hatte durchaus Erfolg in seinem neuen Amt. Die Spendenergebnisse für die *Propaganda Fide* verdoppelten sich während seiner Ägide, eine von ihm organisierte Missionsausstellung erregte Aufsehen, nicht zuletzt wegen der intensiven Kontakte, die er zur internationalen Presse hielt. Doch der Bauernsohn Roncalli wäre so gern einfacher Landpfarrer gewesen oder Professor für Kirchengeschichte geblieben; historische Zusammenhänge interessierten ihn zeitlebens brennend. Nur ein paar Monate hatte er einen Lehrstuhl an der *Lateran-Universität* inne, einer stark traditionsverhafteten Hochschule, wo der unvorsichtige Provinzler mit seiner aufgeschlossenen Haltung zwangsläufig unangenehm auffallen musste.

Sein erstes Lehrsemester war noch nicht zu Ende, da wurde er schon wieder abberufen. Im Heiligen Offizium – der einstigen römischen Inquisition, Vorgängerin der heutigen Kongregation für die Glaubenslehre – registrierte man sehr aufmerksam Roncallis verständnisvolle Äußerungen über Mischehen und seine Freundschaft mit dem aufklärerischen Kirchenhistoriker Buonaiuti.

1958, als Papst zum obersten Chef des Heiligen Offiziums geworden, machte er sich den Spaß, seine eigene Personalakte herauszusuchen. Darin entdeckte er eine sorgsam archivierte Postkarte, die ihm der Rebell Buonaiuti vor Jahrzehnten geschrieben hatte, und den warnenden Vermerk: »Angelo Roncalli, des Modernismus verdächtig«.

Zum Verhängnis waren ihm wohl auch seine Sympathien für den *Partito Populare Italiano (PPI)* geworden, die vom sizilianischen Priester Luigi Sturzo gegründete Partei der katholischen Bauern und Arbeiter. Der *PPI* hätte möglicherweise den unaufhaltsamen Aufstieg von Mussolinis Schwarzhemden verhindern können; aber die Vatikanstrategen hielten immer noch nichts von einem starken politischen Katholizismus, der den Laien zu viel Macht verschafft hätte. Lieber paktierte man hinter den Kulissen mit Mussolini, der mit einer großzügigen Entschädigung für den Verlust des Kirchenstaates winkte (in den Lateranverträgen 1929 erhielt der Papst tatsächlich 1,75 Milliarden Lire und mit dem Vatikanstaat seine internationale Souveränität zurück).

Roncalli machte in Briefen an seine Angehörigen, die ihn längst als geistigen Kopf der Familie akzeptierten, aus seinem Herzen keine Mördergrube: Entweder sollten sie bei den Wahlen für die Volkspartei stimmen oder gleich zu Hause bleiben »und die Welt gehen lassen, wie sie will. Seid Euch darüber sicher, dass das Heil Italiens (...) nicht von Mussolini kommen kann, ein so begabter Mann er auch sein mag. Seine Ziele mögen gut und recht sein, aber die Mittel sind schlecht und stehen im Gegensatz zum Gesetz des Evangeliums.«

Und auch öffentlich redete er Klartext. »Nein, das christliche Italien ist nicht tot«, rief er 1920 auf dem Nationalen Eucharistischen Kongress in Bergamo in die begeisterte Menge; die Katholische Aktion sei kein Werk klerikaler Propaganda, sondern eine echte Sache des Volkes. Am zehnten Todestag seines Bischofs Radini-Tedeschi griff er 1924 die Faschisten im Dom von Bergamo frontal an: Wahrer Patriotismus habe nicht nur stolze militärische Unternehmungen und wirtschaftliche Erfolge im Auge, sondern »Gerechtigkeit, verkörpert im Gesetz« und »erzieherische Freiheit« (die der einstige Grundschullehrer Mussolini den Christen natürlich nicht gewähren wollte).

Damals regierte schon wieder ein neuer Papst in Rom, Pius XI., der die Faschisten genauso wenig mochte wie die Bolschewisten, aber auch nichts von politisierenden Klerikern hielt und die diskreten Wege der Diplomatie dem lauten öffentlichen Protest vorzog. Roncalli, der den Papst von Bergamo her kannte, schätzte ihn als »wahrhaft gut und klug« ein, begann den kurialen Betrieb aber immer skeptischer zu beobachten. Deshalb »laufe ich ihm so selten wie möglich über den Weg«, berichtete er einem Freund, »und jedes Mal, wenn ich durch diese vatikanischen Säle zu gehen habe, fühle ich es kalt über den Rücken laufen«.

Zur selben Zeit lernte Roncalli den jungen Studentenpfarrer Giovanni Battista Montini kennen, dessen Vater – ein engagierter Journalist – für den *PPI* im Parlament gesessen hatte. Montini schlug sich an der Hochschule tapfer mit den Faschisten herum. Die Redaktion einer Studentenzeitschrift, für die er politische Artikel schrieb, wurde von den Schwarzhemden in Brand gesteckt. Montini lud Roncalli ein, vor seiner Hochschulgruppe zu sprechen. Ihre Freundschaft hielt auch, als der Jüngere im vatikanischen Staatssekretariat Karriere machte und der Ältere auf dem diplomatischen Abstellgleis irgendwo auf dem Balkan landete. 1963 wurde Montini Roncallis Nachfolger als Papst, und jeder wusste, dass er sein erklärter Kronprinz gewesen war.

2

DIE VERBANNUNG:
SOFIA – ISTANBUL

*»Ich nehme überall mehr das Gemeinsame
als das Trennende wahr«*

Der Balkan war eine harte Schule

F ür die Kirche sollte es ein Segen werden, dass der Professor
Roncalli in Rom Schiffbruch erlitt und sich in den kommenden Jahrzehnten auf entlegene diplomatische Posten ver-
bannt sah. Es war eine harte Schule, wie maßgeschneidert für
den späteren Papst der innerkirchlichen Erneuerung: Die
Durchsetzungskraft seiner charismatischen Persönlichkeit,
kluge Diplomatie und Respekt vor anderen Meinungen und
Erfahrungen verbanden sich immer stärker zu jener Einheit,
die das Geheimnis seiner Persönlichkeit ausmachte.

Als die Kardinäle ihm mehr als drei Jahrzehnte später die
Schuhe des Fischers anzogen, brachte Johannes XXIII. die
Erfahrung eines reichen Lebens mit. »Die Vorsehung«, so seine eigene Bilanz dieser Zeit als vatikanischer Diplomat, »hat
mich mit Menschen anderer Religionen und Ideologien
zusammengeführt, hat mich mit akuten und bedrohlichen
sozialen Problemen in Berührung gebracht und mir die Ruhe
und das Gleichgewicht für ihre Erforschung und Würdigung
bewahrt. Bei aller Unerschütterlichkeit des Glaubensbe-
kenntnisses und der Moral habe ich mich immer mehr um

das Einigende als um das Trennende und Gegensätzliche gekümmert.«

Dazu hatte er zunächst in Bulgarien Gelegenheit, wo er als erster Gesandter Roms seit tausend Jahren den beziehungsreichen Beinamen erhielt »der Monsignore, dessen Lebenseinstellung ist: Lasst uns Verständnis füreinander haben«. Im Februar 1925 war er zu seiner großen Überraschung zum Apostolischen Visitator in Sofia ernannt worden: Vergeblich argumentierte er dagegen, er besitze keine Ausbildung für den diplomatischen Dienst und wisse nicht das Geringste über Bulgarien.

Aber da ging es ihm nicht anders als seinen Auftraggebern. Die Lage in Bulgarien sei wohl »sehr verworren«, hatte ihm Kardinalstaatssekretär Pietro Gasparri lediglich gesagt. 1959 erinnerte sich Papst Johannes gegenüber einem Journalisten an jenes merkwürdige Gespräch: »Jeder kämpft anscheinend gegen jeden«, meinte Gasparri hilflos, »die Moslems gegen die Orthodoxen, die Griechisch-Katholischen gegen die Lateiner und die Lateiner untereinander. Können Sie hingehen und herausfinden, was wirklich los ist?«

Und es sei ja nur für kurze Zeit, dann werde man ihn in den offiziellen diplomatischen Dienst übernehmen und auf einen ruhigeren Posten schicken, am besten nach Argentinien, wo es viele Italiener gab.

Roncalli fügte sich seufzend, gehorsam wie immer, während die Schwestern Ancilla und Maria enttäuscht nach Sotto il Monte zurückfahren mussten. Dass sie bei Roncallis in aller Eile vorgenommener Bischofsweihe dabei sein durften – er sollte bei den bulgarischen Bischöfen gleichrangig auftreten können – und Papst Pius XI. vorgestellt wurden, war ein schwacher Trost. Auch seine Eltern waren nach Rom gekommen.

Sie sollten sich nicht unnötig beunruhigen, hatte er ihnen gesagt. Schließlich sei Sofia nicht aus der Welt, mit der Bahn – dem berühmten *Orientexpress* – fahre man von Mailand aus zwei Tage und müsse nicht einmal umsteigen.

Doch das Land, das ihn erwartete, glich einem Pulverfass. Als der Titularerzbischof Roncalli in Sofia ankam, begrub man dort gerade den von linken Terroristen ermordeten Ministerpräsidenten General Gheorgiev; bei der Trauerfeier in der Kirche *Svate Nedela* explodierte eine weitere Bombe und tötete mehr als hundert Menschen. Bulgarien, erst 1908 nach fast 500 Jahren türkischer Herrschaft unabhängig geworden, hatte nicht nur im Ersten Weltkrieg schwer gelitten, sondern auch die beiden verlustreichen »Balkankriege« gegen die Türken, Rumänen, Serben, Griechen geführt. Die Wirtschaft lag am Boden, rechte Putschisten und eine starke kommunistische Partei boykottierten die Reformbemühungen bürgerlicher Kräfte.

Schwierig war auch die Situation der katholischen Minderheit: Der orthodoxen Staatskirche galten die ungefähr 60 000 bulgarischen Katholiken als vaterlandslose Gesellen, vom Ausland gesteuert. Ihre Gemeinden bildeten winzige Inseln inmitten einer übermächtigen orthodoxen Umgebung. Der Gesandte des Papstes sollte diesen Hirten und Bauern das Bewusstsein geben, von Rom nicht vergessen zu sein, und bei ihren skeptischen Führern um Vertrauen werben.

Das war eine delikate Aufgabe, denn die Katholiken waren auch untereinander zerstritten. Diejenigen Gemeinden, die nach östlichem Ritus Gottesdienst feierten, waren wenigstens ein bisschen in die Gesellschaft integriert, bildungsmäßig und theologisch aber unterentwickelt. Außerdem verfügten sie über keinen Bischof. Die »Lateiner« passten besser in die Städte, aber die verschiedenen Missionsorden verfolgten je ihren eigenen Stil und sorgten für liturgische Verwirrung. Es waren typische Gettoprobleme.

Mit einer alten Klapperkiste, die wie ein Auto aussah, im schwankenden Maultierkarren oder auch auf dem Rücken eines müden Gauls, dem man ein Schaffell über den harten Holzsattel gelegt hatte, reiste der frisch gebackene Erzbischof kreuz und quer durch das Land. Ausgetretene Ziegenpfade und gefährliche Gebirgsstege führten ihn zu den Hütten der Glaubensgenossen, die es nicht fassen konnten, wer da zu ihnen kam. »Ich machte sie in den entlegensten Dörfern ausfindig«, stellte er nicht ohne Stolz auf die eigene Zähigkeit fest, »ich betrat ihre bescheidenen Häuser und wurde ihr Nachbar«. Einmal riss sein Fahrer aus Angst vor Räuberbanden mitten im Gebirge aus, eine Militärpatrouille griff den Erzbischof auf, ließ ihn auf der Pritsche im Postenhäuschen übernachten und riet ihm, sein Brustkreuz lieber zu verstecken.

Roncalli lernte die Bulgaren, ihre Gastfreundschaft und ihre Musik schätzen – und sie begannen, ihn zu lieben. Sie nannten ihn *diado,* den guten Vater. Er konnte damit beginnen, Brücken zwischen den Konfessionen zu bauen – was nicht leicht war, denn die bulgarische Orthodoxie trat sehr selbstbewusst auf, seit sie sich vom Patriarchat von Konstantinopel abgespalten hatte. Zudem interessierte sie sich, ungewöhnlich für eine Ostkirche, für die Ökumenische Bewegung, und die war für Katholiken damals noch völlig unakzeptabel, eine Erfindung der Protestanten und vermutlich ein Fallstrick des Teufels, um den wahren Glauben auszuhöhlen.

Doch lombardische Bauernsöhne sind hartnäckig und geduldig. Außerdem hielt es Roncalli für viel wichtiger, eine menschliche Atmosphäre der offenen Begegnung zu schaffen – wofür er ein unbestrittenes Talent hatte –, als theologische Debatten zu inszenieren und offizielle Verhandlungsgremien zu gründen. Der Oxforder Ex-Jesuit Peter Hebblethwaite formuliert es in seiner ebenso kenntnisreichen wie mit köstlichem britischem Understatement geschriebenen Biografie *John XXIII. Pope of the Council* so: »Roncallis ökumenische Lehrzeit bestand darin, orthodoxe Kirchenführer kennen zu lernen, die für die römische Kurie nur eine verallgemeinerte Abstraktion waren – austauschbare bärtige Orientalen mit einer unbegreiflichen Geschichte und einer unbekannten Sprache.«

»Was für eine herrliche Sache ist es, zu verstehen und Mitgefühl zu zeigen«, schrieb Roncalli seiner Brieffreundin Adelaida Coari (wie hatte er sich geändert!) aus Sofia. Man müsse auf katholischer Seite so viel über die Orthodoxen lernen – und sich von der Nächstenliebe drängen lassen, »den Tag der Rückkehr der Brüder in die Einheit der Kirche schleunigst herbeizuführen. Sie folgen mir? Durch Nächstenliebe – eher als durch theologische Diskussionen.«

Seine Vision von der Kircheneinheit klingt noch ein wenig nach reumütiger Rückkehr der verlorenen Söhne; möglicherweise meinte er das gar nicht so. Einem anderen Gesprächspartner erläuterte er, man müsse sämtliche Wege der Verbrüderung zwischen Katholiken und Orthodoxen fördern, »die uns alle wieder tiefer zu den reinen Quellen des christlichen religiösen Lebens führen können«. Uns alle.

Ein junger orthodoxer Bulgare wollte zum Katholizismus übertreten und Priester werden. Vielleicht legte er einen etwas aggressiven Glaubenseifer an den Tag, wie es Konvertiten gerne tun. Jedenfalls riet ihm Erzbischof Roncalli in einem Brief zur Besonnenheit: »Die Katholiken und Orthodoxen sind keine Feinde, sondern Brüder. Wir haben den gleichen Glauben, wir nehmen an den gleichen Sakramenten teil und besonders an der gleichen Eucharistie. Es trennen uns einige Missverständnisse über die göttliche Einsetzung der Kirche Jesu Christi. Die diese Missverständnisse verursacht haben, sind seit Jahrhunderten tot. Lassen wir die alten Streitigkeiten und arbeiten wir, ein jeder auf seinem Feld, daran, unsere Brüder gut zu machen, indem wir ihnen gute Beispiele bieten. Sie werden im Seminar vieles lernen, vor allem die Liebe zu Jesus, den Geist des Apostolates und des Opfers. Später werden wir uns, obwohl man auf verschiedenen Wegen gegangen ist, doch wieder in einer Union der Kirchen treffen, um zusammen die wahre und einzige Kirche unseres Herrn Jesus Christus zu bilden.«

Ein von Rom vergessener Erzbischof

In Bulgarien absolvierte Angelo Roncalli zweifellos den wichtigsten Lernprozess seines bisherigen Lebens. Er begegnete zahllosen wertvollen Menschen, die einer anderen Konfession angehörten. Er musste sich eingestehen, dass fremdartige Riten und von Rom nicht akzeptierte religiöse Gewohnheiten ein sicherer Weg zu Gott sein konnten. Er litt darunter, mit Geistlichen und Bischöfen, die er mochte und schätzte, nicht gemeinsam am Altar stehen zu können. Er sah aber auch, dass die klassische Methode der »Union« mit Rom oft nur zu neuen Spaltungen geführt hatte.

Roncalli beobachtete, lernte – und fühlte sich oft kreuzunglücklich. Er wäre so gern als Seelsorger in Bergamo geblieben, schrieb er seinem Freund Don Clienze, hätte mit Freude Religionsunterricht erteilt, Beichte gehört, den jungen Klerikern im Seminar geholfen. Stattdessen sei er jetzt »den ganzen Tag (...) mit der Schreibmaschine oder mit lästigen Geschäften befasst, zwischen vielen Schwierigkeiten und Sticheleien.

Inmitten von Leuten, die auch zu Jesus Christus gehören und von Rechts wegen zur katholischen Kirche, die aber in keiner Weise den ›sensus Christi‹ [Sinn Christi] (...) haben. Immer in Kontakt mit den so genannten Großen der Welt, aber betrübt durch die Kleinheit ihres Geistes in Bezug auf das Übernatürliche. Sorgfältig Dinge vorbereitend, von denen so viel Gutes ausgehen soll, und dann Zeuge der Brüchigkeit menschlicher Hoffnungen.«

Roncalli fährt zwar fort: »Mit alledem, lieber Don Clienze, lebt man in Frieden; denn am Ende gehört der Erfolg dem, der wirklich corde magno [großherzig] den Willen des Herrn tut, alles gut hinnimmt und auf liebenswürdige Weise gehorcht.« Doch damit konnte er sich keineswegs immer trösten. Man hatte ihm gesagt, Bulgarien werde nur eine Zwischenstation sein. Doch das Intermezzo zog sich nun schon Jahre hin, ohne dass aus Rom das kleinste Signal einer beabsichtigten neuen Verwendung kam.

Die Zentrale am Tiber schenkte auch seinen Ideen und sachkundigen Vorschlägen kaum Beachtung – liefen sie doch darauf hinaus, die katholische Kirche des Balkans ein wenig mehr auf eigene Füße zu stellen und die kurze Leine Roms zu lockern, etwa durch die Ernennung eines einheimischen Bischofs für die Gemeinden des slawischen Ritus. Roncalli fand es äußerst unbefriedigend, dass diese Gemeinden von Apostolischen Visitatoren »verwaltet« wurden, die in Mazedonien und Thrazien saßen, also im Ausland. Sein Kandidat war ein 34-jähriger Ordenspriester namens Stefan Kurtev, und er brachte ihn tatsächlich in Rom durch – allerdings erst nach einer Bedenkzeit von einem Jahr.

Das von Roncalli dringend empfohlene Seminar für den bulgarischen Priesternachwuchs, das die katholische Kirche stärker im Land verwurzeln sollte, wurde dagegen nie realisiert, obwohl er bereits ein geeignetes Grundstück erworben hatte. Auf taube Ohren stießen auch seine Ratschläge, den mit Rom unierten Katholiken des orientalischen Ritus mehr Freiheiten einzuräumen. Dagegen liefen nämlich wieder die Missionare des lateinischen Ritus Sturm, und die verfügten im Vatikan naturgemäß über potente Fürsprecher.

Der sonst so bescheidene, gehorsame und selbstkritische Priester Roncalli hat sich damals bitter enttäuscht über seine Erfahrungen mit dem römischen Zentralismus geäußert. »Es ist eine Form von Kränkung und Demütigung, die ich nicht erwartet habe und die mich sehr schmerzt«, vertraute er 1926 seinem Tagebuch an, während er dort in der Ewigen Stadt im Kloster des heiligen Paulus Exerzitien machte. Nicht von den Bulgaren sei der Verdruss im neuen Amt gekommen, »sondern von den Zentralorganen der kirchlichen Verwaltung«. Seinen Schwestern Ancilla und Maria schrieb er – vielleicht zum Trost, weil sie sich wohl nach dem glanzvollen Haushälterinnenamt zurücksehnten –, er sei gern wieder aus Rom abgereist. »Es verdross mich, dort die vielen kleinen menschlichen Erbärmlichkeiten mit ansehen zu müssen. Jeder sucht, einen Posten zu erhalten und Karriere zu machen, und ist mit dem Geschwätz darüber beschäftigt. Welch eine Herabwürdigung des Priesterlebens (...).«

Einmal soll er sich in einem – leider verschollenen – Brief von zwanzig Seiten an irgendwelche Kurienorgane beschwert oder gerechtfertigt haben. Papst Pius XI. bekam das Schreiben zu Gesicht und stellte trocken fest, sieh an, »das Lamm«, womit Roncalli gemeint war, könne auch Zorn empfinden.

Sie waren einfach völlig unterschiedliche Charaktere, der Papst und sein Gesandter. Im Oktober 1930 jubelte das katholische Italien, als Bulgariens König Boris III. in Assisi die Tochter von König Viktor Emanuel, Prinzessin Giovanna, heiratete. Mit päpstlicher Dispens, versteht sich, denn Boris war orthodoxer Konfession, und das Paar hatte schriftlich versprechen müssen, seine Kinder katholisch zu erziehen. Eine Hochzeit wie aus dem Märchenbuch und von eminent politischer Bedeutung für die beiden Länder.

Doch der Papst hatte bald Anlass, wütend zu sein: Eine Woche nach der Eheschließung von Assisi heiratete das königliche Paar zum zweiten Mal – diesmal nach orthodoxem Ritus, in der Alexander-Newski-Kathedrale daheim in Sofia. Pius hielt vor versammeltem Kardinalskollegium eine empörte Rede, sprach von königlichem Wortbruch, und in Rom hatte man bald einen Sündenbock gefunden: den Apostolischen Visitator Roncalli, der nicht genug aufgepasst hatte.

Roncalli war erstens völlig unschuldig an der Katastrophe, und zweitens reagierte er viel besonnener als der Papst. Es kam ganz darauf an, wie man die Zeremonie in der orthodoxen Kathedrale interpretierte: als Affront gegen Rom oder als Versuch des Monarchen, sein zerrissenes Land zu befrieden. König Boris war selbst katholisch getauft und aus Gründen der Staatsräson zur Orthodoxie übergetreten; er musste alles vermeiden, was die orthodoxe Kirchenführung an seiner Loyalität zweifeln lassen konnte. Und dann: Waren die orthodoxen Sakramente nicht auch vom katholischen Standpunkt aus gültig und in Ordnung?

Als das Königspaar drei Jahre später – gegen die Vereinbarung – sein erstes Kind nach orthodoxem Ritus taufen ließ, brach in Rom erneut ein Donnerwetter los. Roncalli musste dem Monarchen eine scharfe Protestnote überreichen, in der vom »Schmerz des heiligen Vaters und aller guten Katholiken« die Rede war, und wurde daraufhin ein Jahr lang nicht mehr am Königshof empfangen. Aber er verstand es, die Wogen zu glätten. Die unglückliche Königin lud er ein, seine Messe zu besuchen statt die katholische Pfarrkirche, um Aufsehen zu vermeiden, und er schenkte ihr ein wunderschönes Messbuch. Intern machte er dem vatikanischen Staatssekretariat den Vorwurf, man hätte sich nie auf irgendwelche von König Boris gegebenen unrealistischen Versprechen einlassen dürfen, denn die bulgarischen Orthodoxen hätten einer Taufe des Thronfolgers nach katholischem Ritus auf keinen Fall zugestimmt.

Ob Pius XI., wie kolportiert wird, den in Ungnade gefallenen Erzbischof Roncalli zur Strafe eine Dreiviertelstunde vor sich knien ließ, oder ob er ihm, wie andere wissen wollen, »privat« verzieh – sicher ist, dass Roncalli von nun an im Vatikan noch weniger ernst genommen wurde als bisher. Offenkundig war er zu naiv für das diplomatische Geschäft und viel zu weichherzig, um harte kirchenpolitische Konflikte durchzustehen. Er bekam zwar einen schönen neuen Titel, Apostolischer Delegat statt Visitator, aber nicht das Erzbistum Mailand, wie man bereits gemunkelt hatte.

Herkulesaufgabe in Istanbul

Es ist nicht ganz klar, weshalb Pius XI. den nicht gerade ruhmbedeckten Roncalli 1935 nach Istanbul versetzte, als Apostolischen Delegaten für Griechenland und die Türkei. Das war ein noch viel komplizierteres Arbeitsfeld als Bulgarien. Vielleicht hatte man im Vatikan doch noch erkannt, was Sympathien wert waren, die der vermeintlich naive Charismatiker zu wecken vermochte. Als er vor zehn Jahren nach Sofia gekommen war, hatte kaum jemand davon Notiz genommen. Und jetzt bereitete man ihm einen rührenden Abschied, an dem auch Vertreter des Königshauses und der orthodoxen Kirche teilnahmen.

Sie waren alle begeistert, als Roncalli verkündete, er habe »sein« Bistum Areopolis zurückgegeben und dürfe sich jetzt mit römischer Zustimmung Erzbischof von Mesembria nennen, nach einer uralten Hafenstadt an der bulgarischen Schwarzmeerküste, deren kostbare Kirchen bulgarische und byzantinische Kultur verbinden. Der Hintergrund: Titularbischöfe, die kein real existierendes Bistum verwalten, bekommen meist irgendeine Ruinenstadt aus der christlichen Frühzeit gewidmet; bei Roncalli war das Areopolis im damaligen britischen Protektorat Palästina gewesen, irgendwo zwischen Totem und Rotem Meer. Er wollte aber lieber die Erinnerung an Bulgarien in seinem Titel mitnehmen, wenn er das lieb gewonnene Land verließ.

In seiner Abschiedspredigt erzählte er, wie es seine Art war, von dem alten irischen Brauch, an Weihnachten eine brennende Kerze in das Fenster zu stellen – als Signal an die herumirrende Heilige Familie, hier werde sie Obdach finden. »Wohin auch immer ich gehen mag«, versprach Roncalli, »wenn ein Bulgare an meiner Tür vorbeigeht, sei es nachts oder sei er ein armer Tropf, er wird so eine Kerze in meinem Fenster brennen sehen. Klopf an, klopf an! Du wirst nicht gefragt, ob du katholisch bist oder nicht, es genügt, dass du ein Bruder aus Bulgarien bist. Tritt ein! Die Arme eines Bruders werden dich empfangen, und das warme Herz eines Freundes wird den Tag zu einem Festtag machen.«

Gesandter des Papstes in der Türkei und in Griechenland – nüchtern betrachtet, war das erneut ein diplomatisches Abstellgleis, weit entfernt von den Zentren der Weltpolitik und der katholischen Geistigkeit. Aber es war auch eine Herkulesaufgabe. In einem traditionell durch und durch islamischen Land wie der Türkei hätte sich ein vatikanischer Beobachter in jedem Fall wie ein ungebetener Gast fühlen müssen. Seit dem

Regierungsantritt von Kemal Atatürk 1923 betrieb man aber auch noch die Vertreibung der Religion aus dem öffentlichen Leben, und wenn die muslimischen Mullahs nichts mehr zu sagen hatten, dann mussten die als ausländische Agenten geltenden christlichen Geistlichen erst recht in der Versenkung verschwinden.

Die neue Türkei probierte eine Menge westlicher Errungenschaften aus, die einem Vatikangesandten gefallen konnten: Einführung des Gregorianischen Kalenders, Abschaffung der Polygamie, Gleichstellung der Frau, Übernahme des Schweizer Bürgerlichen Gesetzbuches und des italienischen Strafrechts. Atatürks Regierung verwirklichte aber auch die strikte Trennung von Kirche und Staat und nahm den Religionsgemeinschaften jeden Einfluss auf Schule und Kindererziehung.

Kaum war der vatikanische Delegat in Istanbul eingetroffen – wo er über keinen Diplomatenstatus mehr verfügte, die Türkei unterhielt zum Vatikan keine Beziehungen –, da wurde die katholische Kirchenzeitung verboten, und wenig später untersagte ein Gesetz das Tragen religiöser Kleidung in der Öffentlichkeit. Die Muslime mussten auf ihren Fes verzichten, die katholischen Geistlichen auf ihre Soutane. Roncalli nahm die Schikane nicht allzu tragisch; das Wort Gottes könne man in Hosen genauso verkünden wie im Priesterrock. Leider verlor er in der ungewohnten Zivilkleidung etwas an Würde. Der boshafte Peter Hebblethwaite meint, auf den erhaltenen Fotografien sehe der Erzbischof mit Melone und dunklem Anzug »genau wie ein lombardischer Geschäftsmann« aus, »dem es schwerfiel, sich bei der Pasta zurückzuhalten«.

Doch der staatliche Atheismus war nicht das einzige Problem. Die Beziehungen zwischen den 35 000 Katholiken und 100 000 Orthodoxen in Istanbul litten unter Eifersüchteleien und Machtspielen, und wieder einmal waren die katholischen

Riten auch untereinander zerstritten: Lateiner (französisch geprägt), Syrer, Chaldäer, Armenier, Jakobiten hüteten je ihre eigenen Rechte und Traditionen.

Nicht minder kompliziert erschien die Lage in Griechenland, für das der in Istanbul residierende neue Gesandte ja auch noch zuständig war – sozusagen als reisender Vertreter. Ähnlich wie die Türkei steckte auch Griechenland in einem krisenhaften Umwälzungsprozess, und zwar von einer kurzlebigen Republik zur autoritären Monarchie. General Metaxas schickte 1936 das Parlament nach Hause und regierte mit Notverordnungen und der Armee. Die katholischen Gemeinden wurden streng kontrolliert und unterdrückt. Vor allem die nach byzantinischem Ritus, äußerlich also kaum unterscheidbar lebenden Katholiken betrachtete die griechisch-orthodoxe Staatskirche als gefährlichen Fremdkörper. Ein Gesetz wurde vorbereitet, das den nicht nach orthodoxem Ritus geschlossenen Ehen die staatliche Anerkennung entzog.

Die römischen Strategen hatten bei der Entsendung Roncallis zudem offenbar nicht bedacht, dass die Griechen die Bulgaren als ihre Feinde betrachteten und einem direkt aus Sofia kommenden Vatikanvertreter erst einmal Misstrauen entgegenbringen würden. Einen Italiener zu schicken, war auch deshalb ungeschickt, weil das italienische Bombardement der Insel Korfu 1923 noch in unangenehmer Erinnerung war und Mussolini sich gerade anschickte, Albanien zu besetzen – und damit Griechenland zu bedrohen.

Ein anderer hätte sich angesichts dieses kaum entwirrbaren Bündels von Problemen in einem Kloster verkrochen, ab und zu eine schöne Messe im kleinen Kreis zelebriert und regelmäßig, aber nicht zu oft elegische Lageberichte nach Rom geschickt. Der chronisch unterschätzte Roncalli aber benutzte auch den eisigen Wind, der ihm in Istanbul entgegenblies, um zu lernen. Er war hier zwar, wie es schien, am Ende der katholischen Welt, aber mit seinen Erfahrungen seinen Auftraggebern in ihren geschützten vatikanischen Palästen um Längen voraus.

Wenn er die Türkei unter Atatürk und den orthodoxen »Gottesstaat« Griechenlands mit seinen vielfältigen Behinderungen katholischer Gemeinden verglich, musste sich Angelo Roncalli eingestehen, dass die Kirche auch in einem offiziell atheistischen Staat lebendig bleiben, ja, dass der Verlust von Privilegien und staatlichen Schutzmaßnahmen auch eine Befreiung sein konnte. In Istanbul, wo sich alle christlichen Konfessionen denselben staatlichen Attacken ausgesetzt sahen, wuchs außerdem zwangsläufig ein unbefangener ökumenischer Kontakt. Roncalli lernte, dass die Antwort auf eine glaubensfeindliche Umwelt nicht in der Gettobildung liegen muss, sondern auch im Dialog zwischen den gemeinsam herausgeforderten Kirchen bestehen kann.

Beten auf türkisch

In zäher Anstrengung bemühte sich der Italiener, in beiden Ländern Barrieren des Misstrauens abzubauen und den Katholiken Luft zum Atmen zu verschaffen. Glücklich entdeckte Roncalli, dass ihm seine Verbannung nach Istanbul – vor Atatürk hatte es Konstantinopel geheißen – einen Schritt zurück in die Seelsorge ermöglichte. Der Vikar des Papstes darf dort nämlich bei innerkirchlichen Konflikten Recht sprechen wie ein Bischof, und so ein Schiedsrichteramt musste bei Roncallis Naturell eine eher therapeutische Gestalt annehmen. Überhaupt erinnert sein Auftreten mehr an einen Bruder und Freund, nicht an den Abgesandten einer Machtzentrale.

»Gleichmut« schwor er sich 1940 bei seinen Exerzitien am Bosporus, »eine größere Bereitschaft zu Verständnis und Nachsicht« und das Bemühen um ein ruhiges Urteil: »Ich will wachsam darauf achten, in Wort und Auftreten einfach zu bleiben und die Pose zu vermeiden. Zugleich aber soll auf alle etwas von der Würde und liebenswürdigen Vornehmheit eines alten Bischofs ausstrahlen, der um sich einen Hauch von Ehrwürdigkeit, Weisheit und Freundlichkeit verbreitet.« Roncalli zählte damals immerhin 59 Jahre und liebte bereits die gravitätischen Formulierungen alternder Kirchenmänner.

Zu seinen Pflichten gehörte die aufmerksame Visitation von Pfarrgemeinden und Klöstern; aber er ermahnte alle Mitarbeiter in der Kirchenbehörde, solche Kontrollaufgaben respektvoll und mit Feingefühl wahrzunehmen, »auf den Zehenspitzen«, wie er es ausdrückte. Das hundertste Gründungsjubiläum der bescheidenen *Kleinen Schwestern der Armen* machte er gegen ihren Widerstand zu einem auch von der Öffentlichkeit registrierten großen Fest. Und wenn irgendwo ein alter Ordensmann begraben wurde, hielt er selbst die Totenrede. Das tat er auch, als im *Jeremias-Krankenhaus* von Istanbul der in Ehren ergraute Sakristan der katholischen Kathedrale starb.

Die katholischen Enklaven in der Türkei wirkten auch deshalb wie Niederlassungen einer fremden Macht, weil kaum ein Priester perfekt türkisch sprach – was der wachsame Vatikan schon länger kritisierte. Aber Roncalli leitete konkrete Schritte ein. Er verschickte offizielle Dokumente nur noch auf türkisch, ließ das Evangelium im Gottesdienst ab sofort in der Landessprache vortragen und empfahl auch die meist lateinisch, italienisch oder französisch gebeteten Sakramentsandachten auf türkisch zu halten. Aufmerksam registrierten die Zuhörer seiner Predigten, dass er zwar getreu dem Glaubensbekenntnis von der »einen, heiligen, katholischen und apostolischen Kirche« sprach, aber nicht von der »römischen«, wie es seine Mitbrüder gern taten. Kleine Signale mit oft erstaunlicher Wirkung; mehr als einmal marschierten traditionsverhaftete Katholiken beleidigt aus der Kirche, wenn Roncalli die ungewohnte Landessprache zu liturgischen Ehren brachte. Aber im Außenministerium in Ankara begann man Respekt für den »Italiener« zu empfinden.

Er bewies ungewöhnliches Fingerspitzengefühl. Statt zum Kreuzzug gegen die laizistische Politik zu blasen, zollte er den Modernisierungsanstrengungen Respekt. In einem knappen *mandement* zur Fastenzeit (ein »Hirtenbrief« wäre ihm schon zu provokant erschienen) lud Roncalli zum Gebet für dieses »starke und kraftvolle Volk« ein, »das Wege zu seiner Höherentwicklung sucht«. Als er 1937 endlich dem Staatssekretär Numan Rifat Menemencoglu im Außenministerium seine Aufwartung zu machen wagte, wies ihn dieser liebenswürdig, aber bestimmt darauf hin, dass die Distanz zu jeder Art von Religion ein Grundprinzip des türkischen Staates und »die Garantie für unsere Freiheit« darstelle; eine geistliche Macht wie der Vatikan sei für Ankara »gewiss respektabel, aber uns fremd«.

Darauf Roncalli: »Ich verstehe. Das hindert diese geistliche Macht nicht, sich über den Aufstieg der Türkei zu freuen und in ihrer neuen Verfassung einige Grundprinzipien des Christentums zu entdecken (...) Ich bin Optimist. Ich nehme überall mehr das Gemeinsame als das Trennende wahr. Da wir über die Prinzipien des Naturrechts einer Meinung sind, könnten wir auch ein Stück Weges zusammengehen.«

Denselben Takt bewies er bei der Begegnung mit den anderen christlichen Konfessionen. Allein dass es diese Begegnung gab, war schon neu. Als erster Katholik seit grauer Vorzeit betrat er den Phanar, den Amtssitz des griechisch-orthodoxen Patriarchen von Konstantinopel. Mit der Demut des Pilgers und dem begierigen Interesse des Kirchenhistorikers besuchte er spirituelle Zentren der Orthodoxie wie den Berg Athos. In seinen Predigten griff er gern auf die östlichen Kirchenväter zurück, mit denen er seit seiner kurzen römischen Professorenzeit hervorragend vertraut war. In Istanbul verblüffte er Wissenschaftler aus dem Ausland mit bisher unbekannten Inschriften aus byzantinischer Zeit, die er bei seinen Spaziergängen durch die Ruinen der Altstadt entdeckt und entziffert hatte.

1939 gab es wieder einen Wechsel an der Kirchenspitze; Eugenio Pacelli, der sich Pius XII. nannte, war als Kardinalstaatssekretär Roncallis unmittelbarer Chef gewesen, und sein Vertreter in Istanbul äußerte sich sehr zufrieden. Beim *Te Deum* für die glücklich verlaufene Papstwahl war ein Abgesandter des Ökumenischen Patriarchen anwesend – eine aufsehenerregende Geste. Noch mehr staunte man, als Roncalli im Phanar seinen Dank abstattete und vom griechisch-orthodoxen Patriarchen herzlich umarmt wurde.

An Pfingsten 1942 feierte die katholische Welt den 25. Jahrestag der Bischofsweihe von Papst Pius. Roncalli predigte in Istanbul hintergründig über den »gleichwertigen Auftrag«, den alle Apostel von Jesus erhalten hätten. Er vergaß zwar nicht den »herausragenden Platz« zu erwähnen, den Petrus dabei einnehme, nannte den Papst aber bewusst nicht »Stellvertreter Christi«, sondern schlicht »Bischof von Rom« – das war der Sprachgebrauch *vor* der Kirchenspaltung gewesen.

Kleine Schritte, dezente, aber deutliche Gesten: Natürlich könne man die in Jahrhunderten errichteten Mauern zwischen den christlichen Bekenntnissen nicht in einer einzigen Kraftanstrengung niederreißen, räumte der Erzbischof realistisch ein. Aber: »Ich versuche, hier und da einen Ziegelstein her-auszuziehen.« Sein Kirchenbild näherte sich immer mehr der Vision, mit der er später als Papst Christen aller Konfessionen mitreißen sollte: 1940 machte er wieder Exerzitien, bei den *Schwestern Unserer Lieben Frau vom Berge Sion* in Terapia am Bosporus, und notierte, für ihn sei die Kirche kein »histori-sches Monument der Vergangenheit«, sondern eine »lebendi-ge Institution«. Ihre Gründung setze sich seit zwei Jahrtau-senden ständig fort, und jeder müsse dabei mitwirken.

Der große Fisch frisst den kleinen

Im Oktober 1940 waren italienische, später auch deutsche Truppen in Griechenland eingefallen. 60 000 Menschen wur-den hingerichtet, Millionen vertrieben. Bald herrschte bittere Hungersnot im Land. Wieder ist es nicht ganz einfach heraus-zubekommen, was Roncalli damals empfand und dachte. Der Diplomat schwieg eisern – und half mit viel Elan und Fanta-sie, wo er konnte. Der italienische Katholik bemühte sich, ebenfalls zu schweigen – aber er fühlte sich innerlich zerrissen: »Die Natur lässt mich auf den Erfolg meines teuren Landes hoffen«, vertraute er einem Monsignore Guillois in Istanbul an, »die Gnade erfüllt mich mehr als je zuvor mit dem Verlan-gen, den Frieden zu suchen und dafür zu streiten.« Guillois war Franzose, und Italien hatte soeben auch Frankreich den Krieg erklärt. Die beiden Männer, den Tränen nahe, gaben sich den Friedenskuss.

Schon Mussolinis Überfall auf Abessinien – ein Volk mit hoher christlicher Kultur! – war vom Vatikan mit Schweigen hingenommen, von manchen Bischöfen mit patriotischer Freude kommentiert worden: Neben Bomben und Giftgas brachte man den afrikanischen Wilden doch auch abendländische Zivilisation, und die auswanderungswilligen Habenichtse aus dem italienischen Süden wussten endlich, wo sie sich eine bessere Zukunft aufbauen konnten.

Roncalli drückte sich in seinen Briefen nach Sotto il Monte um eine klare Stellungnahme herum; die ganze Welt sei »durcheinander«, und wenn man so komplizierte Fragen beurteilen wolle, könne man sich leicht verrechnen, schrieb er seiner Familie. Die Soldaten treffe ohnehin keine Schuld. »Die Verantwortlichen sind die Oberhäupter. Sie sind es, die den Dickschädel haben, und sie sind alle gleich.« Dann zitiert er aber unversehens eine alte Fabel: »Der große Fisch möchte den kleineren fressen. Der kleinere sagt, das Meer sei groß und gehöre allen.« Seine Sympathie gehörte offenbar nicht dem Raubfisch Italien. Und während der schon erwähnten Exerzitien machte er sich klar: »Die Welt ist vergiftet von einem ungesunden Nationalismus des Blutes und der Rasse, der in Widerspruch zum Evangelium steht.« Ein andermal nannte er den Krieg ein »Schlachthaus«; alle Seiten würden gewaltige Opfer bringen müssen. »Doch welcher Schmerz für so viele Mütter, Bräute und unschuldige Kinder!«

Eine merkwürdige Freundschaft entwickelte sich in dieser Zeit zwischen dem Erzbischof und dem 1939 als Botschafter Nazi-Deutschlands in die Türkei gekommenen Franz von Papen. Die Türkei war wichtig, um dem Deutschen Reich bei einem Krieg mit Russland die rechte Flanke freizuhalten. Roncalli sah in Papen wohl eher den gutbürgerlichen Katholiken, der zunächst als Reichskanzler und dann als Hitlers Kabinettskollege redlich versucht hatte, den »Führer« und seinen blutrünstigen Anhang zu zivilisieren. War er nicht nach dem Röhm-Putsch von seinen Regierungsämtern zurückgetreten? Im Vatikan verübelte man Papen freilich seine Kontakte zum paramilitärischen *Stahlhelm* und seine Aktivitäten als Gesandter in Wien, wo er eifrig bei der Vorbereitung des »Anschlusses« Österreichs an Hitler-Deutschland mitgemischt hatte.

Papen scheint Roncalli benutzt zu haben, um den skeptischen Vatikan günstig zu stimmen. Nach einem langen Gespräch mit dem Botschafter berichtete Roncalli bereitwillig nach Rom, wenn sich die »robusten und enthusiastischen Kräfte« der katholischen Kirche jetzt dem nationalen Aufbauwerk nicht verweigerten, könne es durchaus sein, »dass der Katholizismus nach dem Krieg das ›formative Prinzip‹ der neuen deutschen Gesellschaftsordnung werden würde«. Der Erzbischof erwähnte freilich auch, dass er Papen nach den heidnischen Grundlagen der Nazi-Ideologie gefragt und auf Hitlers notorische Neigung, Verträge zu brechen, hingewiesen habe.

So naiv scheint der gutherzige Roncalli auch diesmal nicht gewesen zu sein.

Am Wert des deutschen Nichtangriffspakts mit der Sowjetunion hat er allerdings nie gezweifelt. Vielleicht war es auch voreilig, Papens Kulturattaché, Kurt von Lersner, ein Empfehlungsschreiben an den alten Freund Montini im Staatssekretariat mitzugeben. Lersner hatte Andeutungen gemacht, starke Kräfte vor allem in der deutschen Wehrmacht seien an der Beendigung des Krieges interessiert und der Papst könne hier vielleicht eine Vermittlerrolle spielen. Später stellte sich heraus, dass der spröde Protestant Lersner tatsächlich ein Hitlergegner war und ein anderes Deutschland wollte.

Roncalli bewahrte Papen seine Freundschaft und half ihm 1946, seinen Kopf beim Internationalen Militärtribunal in Nürnberg aus der Schlinge zu ziehen. Er schrieb den Richtern, in eine politische Beurteilung des Mannes wolle er sich nicht einmischen, man möge aber würdigen, dass ihm Papen mit viel Geld aus seinem Spionagefonds ermöglicht habe, das Leben Verfolgter zu retten. Womit Erzbischof Roncalli auf die sehr effektiv arbeitenden Hilfswerke anspielte, die er in Istanbul gegründet hatte – ohne sein ständiges schlechtes Gewissen, schweigen zu müssen, beruhigen zu können. Bereits in den ersten Tagen des Zweiten Weltkriegs, als die Deutschen Warschau einnahmen, traf er Unterstützungsmaßnahmen für polnische Flüchtlinge. Später organisierte er gemeinsam mit dem Roten Kreuz und dem Vatikan ein Informationssystem über Kriegsgefangene – was ein kleines Kunststück war; denn das Rote Kreuz wurde von einer Fraktion der römischen Kurie als unliebsamer Rivale angesehen. Er besuchte deutsche und britische Verwundete in den Lazaretten. Erfahrung mit der raschen, unbürokratischen Organisation von Hilfsmaßnahmen besaß er, seit 1928 ein schweres Erdbeben Bulgarien verwüstet hatte; der Apostolische Visitator Roncalli war damals sofort in das Katastrophengebiet gefahren und hatte innerhalb von drei Tagen aus Rom Lebensmittel und Wolldecken für die Obdachlosen beschafft.

Im Herbst 1941 erreichte das Elend in Griechenland seinen Höhepunkt, täglich starben an die tausend Menschen den Hungertod. Die Zivilbevölkerung wartete verzweifelt auf 360 000 Tonnen Weizen, ausländische Hilfslieferungen, fertig eingeschifft im Hafen von Haifa/Palästina. Doch die Engländer hatten die griechischen Häfen blockiert, um den deutschen und italienischen Truppen den Nachschub abzuschneiden. Roncalli versuchte auf geschickte Weise – unter Einschaltung des orthodoxen Metropoliten von Athen und seiner Kontakte zur griechischen Exilregierung in London – die lebenswichtigen Schiffsladungen frei zu bekommen. Das gelang zwar nicht, obwohl es manche Biografen behauptet haben, aber der von Roncalli alarmierte Vatikan schickte Lebensmittel, Kondensmilch und Medikamente, die der Erzbischof über sechzehn Versorgungszentren verteilen ließ.

Einem Athener Kaufmann, der Nahrungsmittel gebunkert hatte und angesichts der furchtbaren Hungersnot astronomische Wucherpreise für Mehl und getrocknetes Gemüse verlangte, soll der sonst so sanfte Monsignore eigenhändig Prügel angedroht haben, wenn er nicht umgehend zu einem seriösen Geschäftsgebaren zurückkehre. Diese Geschichte wird von Roncallis Sekretär bezeugt, der dabei war, als der Erzbischof wutschnaubend in das Geschäft stürmte.

Weil er in der neutralen Türkei residierte, konnte Roncalli mehr als andere für die von Land zu Land gejagten Juden tun. Eine Gruppe von Flüchtlingen aus dem Warschauer Getto hatte ihm im September 1940 die ersten Nachrichten über die Konzentrationslager und die von Sondereinheiten der deutschen Wehrmacht verübten Massaker gebracht. Immer mehr Verfolgte wollten über den Balkan nach Palästina, wo sich die britische Mandatsmacht häufig gegen ihre Aufnahme sperrte.

Roncalli arbeitete mit jüdischen Flüchtlingsorganisationen, mit Chaim Barlas von der *Jewish Agency for Palestine* und später mit Großrabbi Israel Herzog von Jerusalem zusammen. Er leitete ihre Bitten an den Vatikan weiter – unter anderem den Wunsch, unmissverständlich zu erklären, dass die Hilfe für bedrohte Juden von der Kirche als gottgefälliges Werk der Barmherzigkeit betrachtet werde. Der Vatikan reagierte kühl, wie man weiß. Roncalli war erschrocken: »Arme Kinder Israels«, schrieb er einem Briefpartner. »Täglich höre ich ihr Stöhnen um mich. Sie sind Verwandte und Landsleute Jesu.« Er lotete seine eigenen Hilfsmöglichkeiten aus und fand einen Weg, Tausende von slowakischen Juden, die in Ungarn oder Bulgarien festsaßen, mit Transitvisen nach Palästina, die er unterschrieben hatte, vor dem Vernichtungslager zu retten. Und dann gab es ja noch Papens Geldtopf, aus dem Kleider und Lebensmittel finanziert wurden.

Als der Vatikan im Herbst 1943 aktiver wurde und zahlreichen italienischen Juden zur Flucht vor den deutschen Besatzern verhalf, per Schiff nach Palästina, meldete Roncalli plötzlich bei Kardinalstaatssekretär Maglione Kritik an, mit einer sonderbaren Begründung: Durch solch »schlichte und edle Barmherzigkeit« setze sich der Heilige Stuhl dem Verdacht aus, einen »indirekten Beitrag zur Verwirklichung des messianischen Traumes« und zur Wiederherstellung der Königreiche Israel und Juda zu leisten.

Doch wenn es darauf ankam, zuzupacken und Menschenleben zu retten, kannte Roncalli keine solchen theologischen Skrupel: 1944 gelang es ihm, rumänische Juden, denen das KZ drohte, auf türkischen Schiffen nach Palästina zu bringen. Und dann versorgte er über die Vatikanvertreter in Ungarn und Rumänien zahlreiche Verfolgte mit den oft wirkungslosen, manchmal aber nützlichen Einwanderungsscheinen, welche die *Jewish Agency for Palestine* ausstellte. Daraus entstand die Legende, Roncalli habe fingierte Taufscheine ausgestellt, um das Leben von Juden zu retten.

Als im Juli 1943 die Alliierten in Sizilien landeten, als Mussolini gehenkt wurde und Italien im September einen Waffenstillstand unterzeichnete, als deutsche Truppen Rom besetzten und der Partisanenkrieg gegen die Nazis begann, war Roncalli trotz aller Sorge erleichtert. Seinem Bruder Giovanni schrieb er nach Hause, der ohne große Erschütterungen vollzogene politische Neuanfang zeige, »dass in Italien noch ein solcher Reichtum von gesundem Menschenverstand und von Würde vorhanden ist, dass das mehr zählt als jeder mit brutalen Waffen errungene Sieg«.

Brieffreundschaft mit einer frühen Feministin

In Rom hielt man nach wie vor nicht viel von ihm. Seine alten Freunde hatten längst bessere Posten auf der klerikalen Karriereleiter erklommen und wunderten sich, warum der sympathische Lombarde immer noch ganz hinten im Balkan festsaß. Roncallis Lageberichte und Vorschläge stießen auf wenig Resonanz; schon in Sofia hatte er einem Freund geraten, seinen Namen lieber nicht zu erwähnen, wenn er in Rom Erfolg haben wolle. Damals war es um die Ansiedlung eines Schwesternordens in Bulgarien gegangen, und Roncalli hatte notiert: »Es wird gut sein, nicht zu verbreiten, dass der Gedanke von mir stammt (...).«

Jetzt, zehn Jahre später, stellt er in seinem Tagebuch erneut betrübt fest: »Es kommt mir vor, als wäre ich von allem losgelöst, auch von jedem Gedanken des Weiterkommens. Ich habe keinerlei Verdienste und spüre auch keinerlei Ungeduld. Dass aber ein so großer Unterschied möglich ist zwischen meiner Beurteilung der Situation hier und der Art und Weise, wie Rom dieselben Dinge einschätzt, das schmerzt mich; es ist dies mein einziges wirkliches Kreuz. Ich will es in Demut tragen, bereit, meine obersten Vorgesetzten zu befriedigen, denn dies – und nichts anderes – liegt mir am Herzen. Ich werde stets die Wahrheit sagen, aber mit Milde, und über alles schweigen, was ich meiner Meinung nach an Unrecht oder Kränkung erlitten habe. (...) Der Herr sieht alles und wird mir Gerechtigkeit erweisen.«

Im Tagebuch ist es eine der ganz wenigen Klagen zwischen so vielen Vorsätzen, gelassen zu bleiben. Und auch in seinem Briefwechsel bricht sich die Enttäuschung nur selten Bahn, wenn er etwa einen alten Studienkollegen darum beneidet, unmittelbar in der Seelsorge arbeiten zu können: »Wie arm ist doch das Leben eines Bischofs oder eines Priesters, der dazu gezwungen ist, nur Diplomat oder Bürokrat zu sein!«

»*Questo ha capito niente,* der hat nichts verstanden«, kommentierte Monsignore Domenico Tardini im Vatikan unwirsch, als wieder einmal ein Brief aus Istanbul mit ausführlichen Schilderungen eintraf, was Hitlers Steigbügelhalter Papen dem Erzbischof Roncalli an Neuigkeiten erzählt hatte. Als Leiter der auswärtigen Abteilung des Staatssekretariats war Tardini Roncallis unmittelbarer Ansprechpartner. Er galt als unbedingt papsttreu, politisch erfahren, aber nicht sehr angenehm im Umgang: kurz angebunden, hochfahrend, bisweilen ziemlich kaltschnäuzig.

Und es war ja wirklich nicht so einfach zu entscheiden, ob dieser nach allen Seiten gesprächsbereite, seine herzliche Güte offenbar unterschiedslos verteilende Angelo Roncalli gefährlich naiv war oder überaus weise. »Ich bin mehr für das Eisen, das sich biegen lässt, als für das, das zerbricht«, schrieb er seiner Familie. Später in Paris fragte ihn sein Neffe Battista, den er auf seinem Weg zum Priesterberuf begleitet hatte, bewundernd – oder auch ein wenig misstrauisch –, wie er denn auf dem glatten diplomatischen Parkett aufrichtig und sich selbst treu bleiben könne. Roncallis Antwort: »Indem ich immer die Wahrheit sage, obwohl die anderen das Gegenteil vermuten.«

So fügsam und berechenbar, wie viele meinten, ist der bauernschlaue Angelo keinesfalls gewesen. Er lächelte und plauderte, scheinbar ein offenes Buch für jeden, der mit ihm umging – und vermochte doch sein Geheimnis zu bewahren. Er wirkte sanft und liebenswürdig, legte Wert auf Diskussionen, nahm fremde Argumente ernst – und wusste im entscheidenden Moment genau, was er wollte. Er machte sich einen Spaß daraus, die festgefahrenen Erwartungen seiner Umwelt zu enttäuschen. Dem kritischen Jesuiten und Zeitungsredakteur Robert Rouquette las er mit Genuss ein ganzes Kapitel aus Giovanni Papinis *Briefen an Menschen, die sich christlich nennen* vor – boshafte Anmerkungen über modern sein wollende Katholiken. Dann wieder trug er ihm unvermittelt auf, in Rom konservative Zerrbilder von der zeitgenössischen französischen Theologie zu korrigieren.

Roncallis offenherziger Briefwechsel mit der ökumenisch orientierten, sozial engagierten Adelaida Coari spricht Bände. Er hatte die gleichaltrige Katholikin als Bischofssekretär in Bergamo kennen gelernt, wo sie sich für die Mitsprache von Frauen in Politik und Kirche sowie für eine starke christliche Arbeiterbewegung einsetzte. Während der Kardinalstaatssekretär von Pius X., Merry del Val, per Rundschreiben verfügte, Frauen, »auch angesehenen und frommen«, sei bei Katholikentagen und im katholischen Verbandswesen niemals das Wort zu erteilen, gründete sie in Mailand unverdrossen einen *Christdemokratischen Frauenbund* und eine unabhängige Zeitung. Vom Widerstand erzkonservativer Kreise zermürbt, begann sie in der Lehrerausbildung und als Volksschulinspektorin zu arbeiten.

Es war der nach Sofia abgeschobene Roncalli, der seine Briefpartnerin beschwor, nicht aufzugeben und »außerhalb des üblichen Rahmens« für die katholische Sache zu arbeiten, »offen für alle Richtungen«. Denn auch was sich außerhalb der offiziell anerkannten Möglichkeiten bewege, gehöre zur Kirche. Roncalli machte die Redaktion der wichtigen Jesuitenzeitschrift *Civiltà Cattolica* auf die interessante Frau aufmerksam. Adelaida wiederum – die Roncalli um drei Jahre überlebte und bis zu seinem Tod mit ihm korrespondierte – hat uns aufschlussreiche Notizen über das Verhältnis von Papst Johannes zu seiner vatikanischen Umgebung hinterlassen: Es habe ihn tief verletzt, wie wenig dort das achte Gebot »Du sollst nicht Falsches gegen deinen Nächsten aussagen« gegolten habe.

Die Briefe, die Roncalli seinen Angehörigen nach Sotto il Monte schrieb, enthalten naturgemäß andere Themen und Sorgen. Wie ein allseits anerkannter Familienvorstand schickt er Ratschläge, verteilt Lob und Tadel, gibt zu verstehen, dass es ihm in seinem bischöflichen Palästchen auch nicht gerade rosig geht: »Damit Ihr heute an mich denkt, schicke ich Euch einen Hundert-Lire-Schein. Er ist sozusagen die letzte Patrone in meinem Gürtel (...) Dieses Jahr habe ich ein wenig zu viele verschossen.«

Schon als Angelo noch daheim wohnte, hat die Familie sein beengtes Geburtshaus verlassen und ist in die *Colombera* gezogen, einen ehemaligen Gutsverwalterhof ganz in der Nähe. 40 Jahre später hat der Vater mit Hilfe Angelos und einer Kreditbank den Hof und vier Hektar dazugehöriges Land kaufen können. 40 Jahre hat es gedauert, bis er die Hypothek aufnehmen konnte, weitere zwei Jahrzehnte wird es dauern, bis die Schuldenlast abgezahlt ist.

»Habt Ihr den Heizofen gekauft? Funktioniert er?« erkundigt sich Angelo im Januar 1926; er weiß, wie trostlos »der Winter der Armen« ist, und die Spuren der Frostmonate seiner Kindheit sind noch an seinen Händen spürbar. Er fragt nach dem Stand der Reparaturarbeiten an der *Colombera,* empfiehlt den Treppenaufgang »gut perlfarben« zu streichen und die dazugehörige Tür mit Milchglas zu versehen, »das Innere der Toilette so zu erweitern, dass sie von einer Fensterhälfte Licht erhält, während die andere Hälfte das Licht für die Eingangstreppe geben soll«; er kümmert sich um die kleinsten Details. Er rät dazu, zwei getrennte Küchen einzurichten, und verspricht, sich finanziell zu beteiligen: »Mit so vielen Schwägerinnen im Haus, die wiederum so viele Kinder haben, muss es doch immer wieder zu Verstimmungen kommen.«

Nach einem verheerenden Unwetter tröstet er die Eltern mit den Worten: »Wir sind immer in guten Händen«, überweist ihnen aber auch 1000 Lire, die er sich selbst leihen muss. »Beklagen wir uns nicht! Soll's sein. Ich segne alle von Herzen, groß und klein.« Brennend interessiert er sich für die Seidenraupenzucht (deren gute Erträge es Vater Giovanni ermöglichen, die Hypothek auf die *Colombera* aufzunehmen). Und er will wissen, was die treuen Schwestern Ancilla und Maria zu seinen Plänen sagen, im Garten seines Istanbuler Amtssitzes einen Hühnerstall zu bauen.

Traurig berichtet er von den mäßigen Erfolgen seiner Versuche, Diät zu halten: Morgens ein Milchkaffee mit wenig Brot und Obst, mittags eine gute Mahlzeit, »aber mit wenig Brot und wenig Wein«, abends eine Suppe, Gemüse, etwas Brot und Obst. »Ich muss etwas abnehmen, um widerstandsfähiger zu werden, jetzt, da es mit den Jahren abwärts geht.« Aber die Anstrengungen fruchten wenig, und seine Küchenschwestern wundern sich: »Für einen Mann, der dick ist wie ein Pfarrer, isst er wie ein Spatz. Es müssen diese Bücher und Zeitungen sein, die er verschlingt!«

Angelos schlichte Worte treffen den richtigen Ton, wenn er seine Schwester Assunta zu ihrem Enkelkind beglückwünscht und sie bittet, sich nicht von den Sorgen auffressen zu lassen: »Denk doch, wie viel Mühe Dich Deine Kinder kosteten, und jetzt haben alle ihren Arbeitsplatz. Ist das nicht schon eine große Gnade? Und ich bin schon seit über 30 Jahren von Bergamo und von zu Hause fort. Glaubst Du, dass mein Leben ein Vergnügen war und ist? Dies mag genügen, um Dir zu sagen, liebe Assunta, dass wir hier letzten Endes nicht ohne Sorgen leben und dass sie, wenn wir sie auf uns nehmen, uns zum Vorteil gereichen für das bessere Leben, das uns alle erwartet. Dein Giovanni ist schon dort und erfreut sich jetzt an dem durchgemachten Leid. Wie schön muss für ihn im Paradies das Fest des heiligen Johannes sein, zusammen mit Angelino und allen unseren lieben Toten!«

Roncalli hat den Brief am Vorabend des Namenstages von Assuntas verstorbenem Mann Giovanni (Johannes) geschrieben. Angelino war sein Neffe gewesen, der Sohn seines ältesten Bruders; er hatte ebenfalls Priester werden wollen, war aber mit zwölf Jahren an den Folgen einer schlimmen Erkältung gestorben. Ein weiterer Neffe war an der griechisch-italienischen Front tödlich verwundet worden. Mittlerweile waren auch Roncallis Eltern tot; sein Vater starb 1935 81-jährig, seine Mutter 1939 mit 85 Jahren. Zu beiden Beerdigungen hatte der Sohn nicht kommen können; beim Tod des Vaters hatte die Kirchenkrise in der Türkei ihren Höhepunkt erreicht, und als die Mutter für immer einschlief, war gerade auch Papst Pius XI. in Rom gestorben, und Roncalli konnte sich den offiziellen Beileidsbesuchen und Zeremonien nicht entziehen.

Sie hätte ihren Angelo so gern noch einmal bei sich gehabt; aber als er ihr vom Tod des Papstes schrieb und dass er Istanbul jetzt auf keinen Fall verlassen könne, murmelte sie ergeben: »Ich verstehe, er kann wirklich nicht kommen; nun, hoffen wir, dass der Herr mich noch etwas hier bleiben lässt, und wenn nicht, werde ich seinem Willen gehorchen, und wir werden uns im Himmel wiedersehen.«

3
DIE BEWÄHRUNG:
PARIS – VENEDIG

»Meine Fenster sind weit geöffnet,
und meine Ohren sind bereit zu hören.
Nur mein Mund ist über vieles verschlossen«

Ein Nuntius mit »weißer Weste«

Im Vatikan hatte man den einstigen Bischofssekretär aus der Arbeiterdiözese Bergamo im Lauf zweier langer Jahrzehnte anscheinend vergessen. Doch im Dezember 1944, als der Zweite Weltkrieg seinem Ende zuging, versetzte Pius XII. den 63-Jährigen plötzlich, von einem Tag auf den andern, als Nuntius an die wichtigste Schaltstelle der päpstlichen Diplomatie: nach Paris. An der Kurie schätzte man Roncalli nach wie vor nicht besonders. Auf seine Bemerkung, er wundere sich über die Beförderung, erhielt er von einem hochgestellten Prälaten die brüske Antwort: »Darüber wundern wir uns alle. Das hat der da ganz allein gemacht!« Die wegwerfende Handbewegung galt dem Arbeitszimmer von Papst Pius XII.

Roncalli wußte selbst, dass er nur die zweite Wahl war und der Wunschkandidat der Vatikanbeamten, der argentinische Nuntius Fietta, die Versetzung nach Paris unter Hinweis auf seinen Gesundheitszustand abgelehnt hatte. Bitter lächelnd zitierte er den Vers eines Renaissance-Poeten: »*Ubi deficiunt equi, trottant aselli*« – wo Pferde fehlen, lässt man die Esel traben. Abgesehen davon, dass er kaum begeistert über eine Beförderung sein konnte, die noch weniger Seelsorgsarbeit zuließ als bisher und ihn genau auf jenes Parkett politischer Intrigen und diplomatischer Winkelzüge katapultierte, das er so hasste.

Eine Beförderung, die zu jenem Zeitpunkt einem Himmelfahrtskommando glich: Wegen seiner glanzvollen Glaubensgeschichte trug Frankreich in katholischen Kreisen immer noch den Ehrennamen »älteste Tochter der Kirche«. Aber die Beziehungen zwischen dem Staat und der kirchlichen Hierarchie waren auf dem Nullpunkt angelangt. Während viele namenlose Christen in der *Résistance,* der Widerstandsbewegung gegen die deutschen Besatzer, gekämpft hatten, waren ihre Bischöfe in der Mehrzahl treue Anhänger des Marschalls Pétain gewesen, der den unbesetzten Teil Frankreichs von Vichy aus in enger Kollaboration mit Nazi-Deutschland verwaltete. In Pétains autoritärem Regime sah der klassische vorkonziliare Katholizismus seinen Traum verwirklicht: »Frankreich«, jubelte der sonst so feinfühlige Dichter Paul Claudel, »ist befreit vom Joch der antikatholischen Partei – Professoren, Anwälte, Juden und Freimaurer.«

Gewiß bedeutete die Nähe zum »Vichy-Regime« noch keine Zustimmung zur Nazi-Politik, Pétain war rechtmäßig zum Staatsoberhaupt bestimmt worden, und als die Deutschen 1942 begannen, die französischen Juden in Vernichtungslager zu deportieren, verwandelten sich manche bisher sehr fügsame Bischöfe in wahre Löwen; Kardinal Gerlier etwa, der noch 1940 verkündet hatte »Pétain, das ist Frankreich«, betrieb erfinderische Rettungsaktionen für die Lyoner Juden.

General Charles de Gaulle, der 1940 in London eine Exilregierung gebildet und später von Nordafrika aus gegen die deutschen Besatzer agitiert hatte, marschierte im August 1944 als Befreier in Paris ein. Bei einer Audienz im Vatikan trug er

Papst Pius XII. seine Forderungen vor: Der durch seine engen Kontakte zur Vichy-Regierung schwer belastete Nuntius Valerio Valeri sollte gehen, 30 der Kollaboration bezichtigte Bischöfe ebenso. Natürlich legte sich der machtbewusste Pius erst einmal quer; wo kam man hin, wenn die gerade am Ruder sitzende politische Fraktion über die Besetzung geistlicher Ämter entscheiden sollte?

Doch mit der Zeit wurde der Kurie klar, dass Valeri nicht zu halten war, sollte nicht die ganze französische Kirche einer mörderischen Zerreißprobe ausgesetzt werden. Inzwischen war es Dezember, und die Zeit drängte: Wenn das Amt des Nuntius vakant blieb, würde beim Neujahrsempfang das älteste Mitglied des *Corps Diplomatique* dem Staatsoberhaupt die Grüße der Gesandten überbringen – das war im Moment der sowjetische Botschafter Bogomolov – und nicht nach alter Tradition dessen Doyen, der Päpstliche Nuntius. Diese Blamage galt es zu verhindern.

Deshalb telegrafierte man am 2. Dezember an Joseph Fietta in Buenos Aires und nach dessen entsetzter Absage sofort am 5. Dezember an Angelo Roncalli in Istanbul. Am 27. Dezember verließ Roncalli die Türkei, am 28.Dezember traf er – nach einem halben Dutzend Zwischenstationen – in Rom ein, am 29. Dezember empfing ihn der Papst, am 30. Dezember um zehn Uhr vormittags verließ er Rom mit einer französischen Regierungsmaschine, landete um 14 Uhr auf einem Pariser Militärflughafen, stellte sich abends bei Außenminister Bidault vor – und konnte am 1. Januar 1945 die ominöse Neujahrsansprache halten, die schuld an dem ganzen Trubel gewesen war. Einer hübschen Legende zufolge las er einfach den vom Moskauer Botschafter vorbereiteten Text vor und entzückte damit die Sowjets. In Wirklichkeit war die Rede natürlich von erfahrenen Vatikanbeamten geschrieben worden.

Nuntius Roncalli, die zweite Wahl: Die meisten Kenner der Materie vermuten, Pius XII. habe sich so über die Pariser Forderungen und die erzwungene Abberufung von Monsignore Valeri geärgert, dass er den Franzosen aus Rache den vermeintlich unfähigsten Nachfolgekandidaten schickte, »den ›Bauern‹ unter seinen Diplomaten, den er kaum geliebt haben dürfte« (Rouquette). Der päpstliche Zorn habe auch dem intellektuellen Aufbruch gegolten, der den französischen Katholizismus damals beflügelte und in dem der autoritäre Pius nur eine Spaltungstendenz sehen konnte: Die Wege von Theologie und Seelsorge wurden in Rom festgelegt und nirgendwo sonst, punktum.

Eine der tausend boshaften Roncalli-Anekdoten würde diese Theorie stützen: Die Audienz am 29. Dezember 1944, als der neu ernannte Nuntius auf dem Flug von Ankara nach Paris in Rom Station machte, habe Pius XII. mit der barschen Mitteilung eingeleitet, er habe genau sieben Minuten Zeit. Darauf Roncalli, ebenso höflich wie bestimmt: »In diesem Fall sind die übrigen sechs Minuten überflüssig.« Sprach's und verließ den Raum. Leider ist es – vermutlich – nur eine Anekdote.

Es gibt freilich auch eine zweite Lesart. Danach soll der Pontifex Roncalli ganz bewusst und wegen seiner unverwechselbaren Talente aus der Kandidatenschar ausgesucht haben. Der französische Geschäftsträger in Rom, Hubert Guérine, erfuhr von einem Kurienbeamten, der Papst habe Roncalli »wegen seiner Erfahrung und seines großen Herzens« gewählt. Für den Mann aus Istanbul sprachen seine »weiße Weste« – auf dem Balkan hatten weder die Ortskirche noch der Vatikan mit totalitären Regimes zusammengearbeitet – und seine in Bergamo bewiesene, damals so verdächtige Sympathie für eine christliche Demokratie.

Wenn das wirklich die Beweggründe des Papstes gewesen sein sollten, dann hat ihn wohl sein »Innenminister« Montini auf die Fährte Roncalli gesetzt. Einen Kardinalstaatssekretär gab es damals nicht mehr, der misstrauische Pius XII. übte dieses Amt selbst aus (ähnlich wie der deutsche Bundeskanzler Adenauer 75-jährig auch noch das Außenministerium übernahm), und die Macht im Vatikan teilten sich jetzt Monsignore Tardini als »Sekretär für die Außerordentlichen Angelegenheiten des Heiligen Stuhls« und Roncallis alter Freund, der Substitut Montini, zuständig für das Innenleben der Kirche. Montini dachte wohl zu Recht, ein gütiger Seelsorger werde mit General de Gaulle und seinen Inquisitoren besser umgehen können als ein kühler Diplomat.

Zu Gast im Kriegsgefangenenlager

Tatsächlich gelang es dem unbekannten, politisch nicht vorbelasteten Nuntius Roncalli mit viel Geschick und seinen enormen menschlichen Gaben, das Verhältnis zwischen Staat (besser gesagt: säkularer Gesellschaft) und Kirche in Frankreich auf eine neue Basis zu stellen. Es kam zwar noch vor, dass sich irgendwo in Paris der Pöbel zusammenrottete und Geistliche mit Steinen bewarf – aber das Kulturkampfklima ebbte ab. Am Ende wurden nur drei Bischöfe ausgewechselt, der alte Erzbischof Saliège von Toulouse, der sich auf der Krankenbahre in seine Kathedrale hatte tragen lassen, um gegen die Judendeportationen zu predigen, erhielt die Kardinalswürde, und die Nation empfand Stolz und Freude.

Roncallis Anteil an der Entschärfung des Konflikts lässt sich naturgemäß nicht mehr im Detail ermitteln; er zog die Prozedur zwar geschickt in die Länge, indem er Originaldokumente über die Verfehlungen der zu wenig patriotischen Bischöfe anforderte und das Material in Rom prüfen ließ, aber auch die Pariser Regierung zeigte sich zunehmend kompromissbereit. Als de Gaulle den katholischen, aber eigenwilligen Philosophen Jacques Maritain als Botschafter beim Heiligen Stuhl durchsetzen konnte, schmolz das Eis rapide. Dem Vernehmen nach hat die vatikanische Bürokratie Roncalli damals wieder einmal ausgebootet und zeitweise direkt mit Paris verhandelt, am Nuntius vorbei. Das mag sein, aber ohne Roncalli wären die Wunden und Verhärtungen ganz sicher nicht so schnell geheilt, und das unbefangene neue Gesprächsklima hätte erheblich länger auf sich warten lassen.

Fingerspitzengefühl und Takt bewies er gleich bei seiner Ankunft in Paris, als er einen »bescheidenen Brief« an alle französischen Bischöfe schrieb und sich als lernbereiten Mitbruder einführte. Er nahm an einem ergreifenden Gottesdienst unter dem Eiffelturm teil, bei dem die Rückkehr der Kriegsgefangenen und KZ-Überlebenden gefeiert wurde. »An die hundert Priester in Sträflingskleidern teilten die heilige Kommunion aus«, berichtete der Nuntius einem Kollegen. »Auf diese Weise bewegen wir uns zwischen den tragischen Visionen von Leid und Tod und dem wiedererwachenden Leben.«

Die deutschen Kriegsgefangenen im Block 6 des Lagers Le Coudray bei Chartres lernten in diesen Jahren bereits jene spontane, unbedingt glaubwürdige Menschlichkeit kennen, mit der Roncalli später als Papst die ganze Welt bezaubern sollte. Er ließ es nicht bei einem Pflichtbesuch bewenden, er kam immer wieder, spähte in alle Winkel, setzte sich an die Krankenbetten.

»Der untersetzte Mann, von italienischer Behändigkeit«, erinnert sich ein Lagerinsasse, »verbreitete eine seltsame Atmosphäre von Zuversicht, heiterer Laune, schalkhafter In-

nigkeit und greifbarem Erbarmen um sich. Leutselig bis zur
Selbstvergessenheit, wirkte er wie das liebenswürdige Gegenteil eines kantigen Asketen, obgleich seine natürliche Frömmigkeit alles bewegte, und damit war er der Richtige für uns
festgenagelte, auf eine merkwürdige Weise sehnsüchtige Menschen. (...) Nichts und keiner hielt den Nuntius Roncalli davon
ab, mit den Lagerinsassen das heilige Opfer zu feiern, die
Kommunion selber auszuteilen, sich danach im Speisesaal
(einer ziemlich zugigen Halle mit hölzernen Tischen und Bänken) unter sie zu setzen und zu schauen, ob es ihnen schmeck-
te. Auch hielt ihn niemand davon ab – am wenigsten die
militärische Begleitung der Obersten und Majore –, in alle
Ecken des riesigen, im Winter bitterkalten Schlafsaals (Kenn-
wort: ›Tropfsteinhöhle‹) zu schauen und die ihn begleitenden
Herren mit einem traurig-bestimmten Blick darüber zu ver-
ständigen, was er von der ganzen Sache dachte. Dann kletterte sein Blick wohl an den dreistöckigen Betten hoch, und
sobald er einen Gefangenen sah, der sich vor dem Bett postiert
hatte, lüftete er seinen runden Hut ein wenig. Auch das war
deutlich.«

Besonders gern besuchte Nuntius Roncalli selbstverständlich das »Priesterseminar hinter Stacheldraht«, das man dort in
Le Coudray für kriegsgefangene Theologiestudenten einge-
richtet hatte und das zeitweise an die 400 Kandidaten beher-
bergte. Unter erbarmungswürdigen Bedingungen, aber mit
Feuereifer lernten sie Bibelkunde, Kirchengeschichte und Pre-
digttechnik. Roncalli aß mit den jungen Theologen aus ihren
Blechnäpfen, erkundigte sich nach ihren Fortschritten, organisierte Bücher und Kohle, schloss Freundschaft mit dem
legendären Abbé Franz Stock, der als Pfarrer der deutschen
Gemeinde in Paris während des Krieges fast 2000 zum Tod
verurteilte französische Widerstandskämpfer zur Hinrich-

tungsstätte begleitet hatte und jetzt als Gefangener zum Pionier deutsch-französischer Versöhnung wurde. Und er weihte am Karsamstag 1947 zwei Theologiestudenten aus dem Bistum Rottenburg zu Priestern.

Weil er kaum ein Wort Deutsch konnte, radebrechte der Nuntius mit den Kriegsgefangenen auf Latein, das die Studenten nach mehreren Jahren an der Front auch nicht besonders gut beherrschten. Roncalli pflegte dann in sein fröhliches, niemals verletzendes Lachen auszubrechen und zu schildern, wie schwer es ihm einst als Bauernbuben gefallen sei, Latein zu lernen.

Hinter den Kulissen bemühte sich der Nuntius (gemeinsam mit den französischen Bischöfen) darum, die Haftzeit abzukürzen und die Rückkehr der immer noch 260 000 Kriegsgefangenen in die Heimat zu ermöglichen. Als die letzten nach Deutschland ausreisen konnten, begannen die französischen Eisenbahner plötzlich zu streiken. Der Heimkehrerzug blieb sieben Tage lang auf einem Abstellgleis stehen. Es war der Nuntius, der blitzschnell etliche Lastwägen mit Lebensmitteln organisierte.

Charisma und Blamagen

Roncalli verfügte zwar über keine diplomatische Ausbildung, aber er dachte in historischen Zusammenhängen. Er begriff sehr gut, dass die Trennung von Kirche und Staat wie die laizistische Grundtendenz des öffentlichen Lebens in Frankreich eine lange Tradition hatten (schon 1904 hatte die Regierung das von Napoleon mit dem Papst geschlossene Konkordat aufgekündigt). Seine Erfahrungen in der Türkei kamen ihm dabei zugute. Auch hier in Frankreich konnte man der Distanz, die der Staat zur Religion hielt, offenbar etwas Positives abgewinnen: Viele Katholiken mochten die damit gewonnene Freiheit und Unabhängigkeit nicht mehr missen.

Natürlich litten sie trotzdem darunter, wenn die Regierung ihre hervorragenden Schulen lobte (22% aller französischen Schüler besuchten damals *écoles libres,* Privatschulen, und die meisten davon waren katholisch), aber nur mit lächerlichen Beträgen förderte. Sozialisten und Kommunisten verlangten bei der Debatte um die Neugestaltung der Verfassung sogar, sämtliche Zuschüsse zu streichen, und verwiesen hämisch auf die wenig glanzvolle Rolle vieler Kirchenführer in der Besatzungszeit.

Roncalli versuchte wieder einmal, die Wogen zu glätten. Er zollte der säkularen Kultur Frankreichs Respekt: »Abgesehen von der Furcht vor Gottes Namen«, sei hier viel erreicht worden, »was im Grunde die Substanz der Zivilisation ausmacht.« Und so nebenbei wies er ganz dezent, ohne aufzutrumpfen, auf die Qualität der katholischen Bildungsanstalten hin.

Der Nuntius Roncalli reiste kreuz und quer durch Frankreich, von der Bretagne bis nach Korsika, besuchte Wallfahrtsstätten und Schwesternkongregationen, war bei den Fischern der *Sables d'Olonne* und bei den Weinbauern von Beaune zu Gast, lud Gott und die Welt zum Frühstück ein, schloss täglich neue Freundschaften und kannte dabei keine Berührungsängste. Am Arc de Triomphe wird jedes Jahr der Sturm auf die Bastille gefeiert, mit dem 1789 die Große Revolution begann. Als bei dieser Gedenkstunde einmal ein Platzregen niederging, hakte sich Roncalli unbefangen beim sowjetischen Botschafter ein und führte unter dessen großem Schirm eine angeregte Unterhaltung. Arbeiter, die in der Nuntiatur etwas reparierten, lud er in der Regel zu einem Gläschen ein; ein italienischer Schweißer namens Giuseppe soll eine Zeitlang an jedem ersten

Samstag im Monat beim Nuntius gespeist haben – mit Frau und sieben Bambini.

Roncallis Fähigkeit, Menschen zu bezaubern, war damals schon unbestritten. »Er ist der einzige Mann in Paris, in dessen Gesellschaft man die physische Empfindung von Frieden hat«, sagte der Außenminister und spätere Präsident des Europaparlaments Robert Schuman über ihn. Schuman war strenggläubiger Katholik und gehört mittlerweile selbst zu den Seligsprechungskandidaten. Aber auch liberale Geister waren hingerissen von seiner warmen Herzlichkeit, gerührt vom Feingefühl, das er den Sorgen und Barrieren seiner Gesprächspartner entgegenbrachte, fasziniert von der Lauterkeit seiner Person.

1950 verunglückten Theologiestudenten aus Poitiers bei einem Italienaufenthalt mit dem Auto und wurden in Ravenna in ein Krankenhaus eingeliefert. Kurz danach traf der Nuntius zu einem kurzen Heimaturlaub in Sotto il Monte ein. Zwei Tage später stand er in Ravenna an den Krankenbetten der Seminaristen.

Ein geteiltes Echo fanden hingegen seine öffentlichen Auftritte. Roncallis politisches Geschick, sein Gespür für geistige Aufbrüche im französischen Katholizismus jener Jahre, seine schwierige Rolle im Geflecht der Interessen von römischer Zentrale, französischer Landeskirche, Pariser Politik und großteils glaubensloser Gesellschaft, all das wurde von den Weggefährten, Gegenspielern, kritischen Beobachtern höchst unterschiedlich beurteilt.

Auf dem Pariser diplomatischen Parkett stellte man naturgemäß auch höhere Ansprüche, gab es erheblich mehr Gelegenheiten, sich zu blamieren als in Sofia und Ankara. Das *Istituto per le Scienze Religiose* in Bologna hat bei seinen Studien über Leben und Wirken des Roncalli-Papstes jedenfalls ziem-

lich ambivalente Einschätzungen seiner Tätigkeit in Paris aus-
gegraben: Eine »Mischung aus Belustigung und Ärgernis«
(Étienne Fouilloux) hätten einige seiner Auftritte erregt. Man
habe sich über den weitschweifigen Stil seiner mit manchmal
»läppischen« Witzen gewürzten Reden und seinen Sinn für
eine gute Tafel mokiert. Ganz böse Glaubensbrüder vom *Mou-
vement Républicain Populaire,* der Partei christlicher Demo-
kraten, hätten ihn gar *pulcinella* tituliert, was Hanswurst
bedeutet oder, im politischen Zusammenhang, Lakai und
Spion der römischen Kurie ohne eigene Überzeugung.

Dass manche Ansprache verunglückte, lag wohl zunächst
einmal daran, dass Roncallis Französisch nicht das beste war.
Und dann hatte er immer schon eine Vorliebe für blumige
Ausdrucksweisen gehabt. »In wenigen Tagen wird die Tür
Ihres Hauses von einem frischen Kranz Orangenblüten
geschmückt sein«, schwärmte er in seiner zweiten Neujahrsansprache an General de Gaulle vor dem versammelten *Corps
Diplomatique* – statt ihn einfach zur bevorstehenden Hochzeit seiner Tochter zu beglückwünschen.

»Seine natürliche Gutmütigkeit, seine Vorliebe für familiäre Bonmots (man könnte eine ganze Sammlung davon anle-
gen) flößen nicht immer Respekt ein«, stellt Pater Rouquette
zurückhaltend fest. »Auch in seinen Reden sprach er fort-
während über Nichtigkeiten; auf diese Weise vermied er es,
eine Position einzunehmen. Das Resultat war oft, dass die
Zuhörerschaft ihrer Belustigung mit einer Respektlosigkeit
Ausdruck verlieh, die an Tumult grenzte (...) Auf dem Kongress der *Union des Oeuvres* in Nancy, der brennende Fragen
der Seelsorge behandelte, sprach er zu uns in dem wunder-
schönen Palais an der Place Stanislas unendlich lange von einer
Pilgerfahrt, die er soeben in die Orte unternommen habe, wo
der heilige Benoît Labre lebte – zur Bestürzung einiger Tau-

send anwesender Priester. Einer von ihnen, der neben mir saß, sagte: ›Das ist also ein Nuntius?‹ Ein andermal, im Verlauf einer großen Zeremonie in Reims, sprach er hauptsächlich von Wein und Weinfässern, vom Gelächter seines Auditoriums umgeben.«

Ein naiver Bonvivant, den keiner so recht ernst nahm – so möchte es scheinen, wenn man solche Zeugnisse isoliert liest. Die vielen massiv selbstkritischen Passagen in seinem Tagebuch stützen das Negativbild noch: »Meine Redseligkeit verleitet mich oft zu Übertreibungen in meinen Äußerungen«, gesteht Roncalli während einer geistlichen Einkehr in der Karwoche 1945. »Vorsicht, Vorsicht: Ich muss schweigen können und mit Maß zu reden verstehen.« Dann folgt freilich das wahre Motiv solcher Selbstbeschneidung: nicht die Furcht, sich zu blamieren, sondern die Scheu, anderen unrecht zu tun. »Ich muss mich zurückhalten können (und das auch wirklich tun), über Personen und Richtungen zu urteilen (...). Ich muss besonders darauf achten, dass die Nächstenliebe lebt! Das ist meine Regel.«

Die nackte Dame beim Diner

Im übrigen sorgte Roncallis unverwüstlicher Humor dafür, dass seine Schwächen und Missgriffe keinen allzu großen Schaden anrichteten. Als er in St. Pierre-de-Chaillot französisch predigen wollte, war zufällig das Mikrofon kaputt, und statt des Nuntius war lediglich ein ohrenbetäubendes Heulen und Quieken zu hören. Roncalli verließ die Kanzel, baute sich im Mittelschiff auf und sprach auch ohne technische Hilfe vernehmlich genug: »Liebe Kinder, ihr habt nicht gehört, was ich gesagt habe. Aber das macht nichts, es war nicht interessant.

Ich spreche nicht besonders gut französisch. Meine selige alte Mutter, die eine Bäuerin war, hat es mich nicht früh genug lernen lassen.«

Über seine Leibesfülle machte er sich lieber selbst lustig, bevor es andere taten: Das sei ein wunderschöner Platz, bekundete er nach einem Festakt in der *Academie Française.* »Man hört dort so erhabene Dinge! Aber leider gestatten die Stühle das Sitzen nur einem halben Nuntius.« Präsident Édouard Herriot, der den Radikalsozialisten angehörte und gleichwohl zu Roncallis guten Freunden zählte, fragte ihn nachdenklich, ob sich die Menschen mit dem Alter besserten. »Es kommt darauf an«, entgegnete der Nuntius, »das ist wie bei den Weinen: Die Zeit bessert manche.« Ein nicht besonders geschmackssicherer Gesprächspartner wollte ihn in Verlegenheit bringen und meinte, er müsse sich doch genieren, wenn bei einem Diner großzügig dekolletierte Damen anwesend seien. »Aber nein«, antwortete Roncalli seelenruhig, »denn wenn eine Dame ein zu tief ausgeschnittenes Kleid trägt, schaut man ja nicht auf sie, sondern auf den Apostolischen Nuntius!«

Der gütige alte Herr im Purpur eines Erzbischofs konnte eben auch bissig und sarkastisch und vor allem überaus schlagfertig sein, wenn ihn jemand verletzen oder ausnutzen wollte. De Gaulles Bruder Pierre, damals Bürgermeister von Paris, glaubte die Anwesenheit des Nuntius bei einem städtischen Empfang als eine Art päpstlichen Segen für die eben gegründete Gaullistische Partei interpretieren zu müssen. Betretenes Schweigen. Der Nuntius schwatzte in seiner Antwortrede lebhaft wie immer über seinen Besuch der Internationalen Buchmesse und erzählte: »Besonders freute mich die Entdeckung, dass unter den ältesten in Frankreich veröffentlichten Büchern eines von einem bergamaskischen Landsmann von mir stammt, einem Humanisten des 16. Jahrhunderts, Gasparino de Barsizzi.« Er schaute kurz zu Pierre de Gaulle hinüber, wandte den Blick dann wieder zu der Versammlung und fügte freundlich lächelnd hinzu: »Das Buch handelt vom guten Benehmen.«

Es gibt noch so eine Geschichte von einem Pariser Bankett, bei dem ein taktloser Spaßvogel das Foto einer nackten Frau herumreichte, um die Reaktion des armen Zölibatärs zu testen. Roncalli warf einen Blick auf das Konterfei und reichte es dem grinsenden Menschen mit der Frage zurück: »Die Frau Gemahlin, nehme ich an?«

Man liebte ihn dafür, dass er auch im feudalen Ambiente der Nuntiatur schlicht und bescheiden blieb. Roncalli verfügte in Paris über zwei Sekretäre und über drei Ordensschwestern als Hausangestellte, er fuhr in einem schwarzen Cadillac durch Frankreich. Aber in seinem Stadtviertel kannte man ihn als den beleibten, immer freundlichen Abbé, der durch die Straßen spazierte, mit Yvette Morin vom Zeitungskiosk an der Avenue Moreau plauderte – einer Jüdin, deren Mutter im Frauen-KZ Ravensbrück gewesen war – und begeistert die Stände der Buchhändler am Seine-Ufer nach antiquarischen Kostbarkeiten durchstöberte. Pius XII. soll ihn indigniert zurechtgewiesen haben, dieses Herumspazieren schade der Würde eines Nuntius.

Doch Kritik aus Rom gehörte inzwischen wohl zu dem kleinen alltäglichen Ärger, den Angelo Roncalli gelassen beiseite zu wischen vermochte. »Siehst Du, meine liebe Anna«, schrieb er seiner Nichte im Advent 1946, »ich bin vor wenigen Tagen in mein 66. Lebensjahr eingetreten, und wenn ich mich nicht im Spiegel betrachte, täusche ich mich darüber weg, so jung fühle ich mich noch. Doch seit langem habe ich mich daran gewöhnt, jeden Tag an den Himmel zu denken. Dadurch verblassen alle Lockungen der Welt.« O ja, hier in der Nuntia-

91

tur habe er mit Fürsten, Staatsmännern und Wissenschaftlern zu tun, aber: »Nichts mehr bringt mich aus der Fassung. Ich denke an die Einfachheit unseres Lebens in der Colombera, und nichts begeistert mich so wie der Gedanke, milde und demütig meinen Dienst zu tun (...)«

Ärger mit dem Außenministerium

Um den gängigen Anekdotensammlungen über den »guten Papst Johannes« ein möglichst wahrheitsgetreues Lebensbild mit allen Facetten und etwaigen Brüchen entgegenstellen zu können, sichteten die Bologneser Wissenschaftler sämtliche Schriften Roncallis – von den ersten Aufzeichnungen des 14-jährigen Seminaristen bis zu den Notizen der letzten Lebenstage – und erstellten eine EDV-gestützte Verbalkonkordanz seiner Begriffs- und Ideenwelt.

Dass der lombardische Bauernsohn mit seiner eher hausbackenen Frömmigkeit Schwierigkeiten hatte, Zugang zum aufgeklärten städtischen Katholizismus in Frankreich zu finden, und dass sein Verhältnis zu den »Arbeiterpriestern« schillernd war, darüber wusste man längst Bescheid, zumindest in Frankreich. Es war auch nicht neu, wie unwirsch er über Teilhard de Chardin geurteilt hatte, den strahlenden Vordenker eines neuen Dialogs zwischen Naturwissenschaft und Glauben, den Propheten eines »kosmischen Christus«. Nuntius Roncalli: »Dieser Teilhard (...)! Kann er sich nicht damit begnügen, den Katechismus und die Soziallehre der Kirche zu lehren, statt uns all die Probleme aufzutischen?«

Unbekannt war bis zu den Veröffentlichungen aus Bologna allerdings, wie man in Pariser Regierungskreisen über den Nuntius gedacht hatte. Dort verübelte man ihm sein offensichtliches Desinteresse an Kontakten mit dem *Quai d´Orsay,* dem Außenministerium. Während seiner ganzen achtjährigen Amtszeit habe er ein einziges Mal eine offizielle Note an die Behörde geschickt und sich dort sozusagen nur auf Bestellung sehen lassen, hielt man ihm vor. Er informierte das Ministerium nicht einmal mehr vor seinen häufigen Reisen durch das Land, wie es üblich gewesen war.

Im Innenministerium wiederum war es der Chef der Kulturabteilung, der Protestant François Méjan, der seinem Ärger 1949 gegenüber dem *Quai d´Orsay* Luft machte: »Der Apostolische Nuntius scheint entgegen der Praxis, die von seinen Vorgängern seit 1921 befolgt wurde, bei allen wichtigen religiösen Feiern, die in unserem Lande stattfinden, den Vorsitz übernehmen zu wollen.« Und 1955, im Rückblick: »Praktisch hat der Nuntius versucht, das wirkliche Haupt der Kirche in Frankreich zu werden.«

Es gab freilich auch Beobachter, die in Roncallis zahlreichen Provinzauftritten und scheinbar wahllosen Kontakten mit allen politischen Lagern ein Indiz dafür sahen, dass dieser passionierte Seelsorger in der Diplomatenrolle das fremde Land authentisch kennen und lieben lernen wollte.

Roncalli reagierte auf solche Vorhaltungen in seiner gewohnt entwaffnenden Art: Es sei schon richtig, der Kardinal Ferrata sei zu Beginn des Jahrhunderts jede Woche in das Ministerium gekommen, gestand er dem Protokollchef Dumaine. »Doch damals waren die Außenminister im allgemeinen Kirchengegner, und der Nuntius musste sich bemerkbar machen. Das ist bei mir jedoch nicht der Fall, denn ich befinde mich unter Freunden und will sie auf gar keinen Fall bloßstellen!«

Christdemokraten mit guter Kirchenbindung hingegen warfen dem unbefangenen Italiener seine Freundschaften mit Sozialisten und Radikalen vor – hatte er dem Präsidenten der

Republik und Aushängeschild der Linken, Vincent Auriol, doch tatsächlich ein Exemplar von Guareschis *Don Camillo und Peppone* geschenkt! Seltsam, dass sich gleichzeitig ein Berater des Außenministeriums über Roncallis gute Beziehungen zu Männern der politischen Rechten beschwerte.

Die Franzosen ganz allgemein verziehen dem Nuntius nicht, dass er sich anfangs so bestürzend uninformiert über das französische Schulwesen zeigte: Er wunderte sich, dass es hier staatliche und freie Schulen nebeneinander gebe, während Italien mit den staatlichen Schulen auskomme – und er übersah völlig, dass dieses öffentliche Unterrichtssystem in Italien ein konfessionelles war. Seine römischen Vorgesetzten waren, wenn die Anzeichen nicht trügen, genauso wenig zufrieden mit Roncalli. De Gaulles Vatikanbotschafter Jacques Maritain berichtete am 12. Februar 1947 nach Paris, Monsignore Tardini habe sich lobend über die gründlichen Informationen geäußert, die er von der Nuntiatur bekomme, aber »andererseits doch nicht verheimlicht, dass er die diplomatischen Qualitäten von Msgr. Roncalli nicht sehr hoch einschätzte«.

Maritains Nachfolger notierte, man werfe dem Nuntius »Langsamkeit« und Desinteresse am Aktenstudium vor. Mehrere Besucher wunderten sich, als sie Roncalli vor einem völlig leeren Schreibtisch sitzen sahen. Sein treuer Freund Montini freilich, im vatikanischen Staatssekretariat Kompagnon und Gegenspieler des skeptischen Tardini, freute sich im Gespräch mit dem französischen Botschafter, der Nuntius habe zwar gegen eine Reihe der von Rom favorisierten Bischofskandidaten Einwände erhoben (was ja auch eher für Roncallis unabhängiges Urteil und seinen Freimut spricht), aber mit seinen Vorschlägen und Bewertungen dafür gesorgt, dass die »strategischen Punkte« mit »Prälaten von beachtlichem Format« besetzt worden seien.

Da waren nun wieder die Regierungsvertreter anderer Meinung, zumindest in der konfliktbesetzten Zeit unmittelbar nach dem Krieg: Die Nuntiatur pflege Kandidaten zu präsentieren, »deren Mittelmäßigkeit Garantie für ihren völligen Gehorsam dem Heiligen Stuhl gegenüber ist«, bemerkte ein Beamter des *Quai d´Orsay* spitz im November 1945.

»*Ach all die Neunmalklugen und Gerissenen dieser Erde!*«

Es ist heute schwierig, aus so widersprüchlichen Zeugnissen ein schlüssiges Bild zu rekonstruieren: Derselbe Georges Bidault – er kam aus der katholischen Jugendbewegung, führte den Pariser Aufstand gegen die deutschen Besatzer an und wurde später Außenminister –, der Roncalli als »mit Suppe vollgestopften Dicken« schmähte, nannte ihn auch wieder einen »flexiblen und guten Unterhändler«.

Möglicherweise haben ihn die Pariser Politiker genauso unterschätzt wie einst die Kirchendiplomaten im Vatikan. Verbarg sich hinter Roncallis Scherzen und Nettigkeiten nicht oft genug eine scharfe Einsicht, die er aus Klugheit für sich behielt und unter harmlosem Geplauder versteckte? Der schon mehrfach zitierte Pater Rouquette ließ sich jedenfalls nicht täuschen: Wenn man den Nuntius besuchte, habe er ständig Geschichten erzählt, Bildbände über seine geliebte Heimat Bergamo gezeigt oder irgendwelche in Pariser Antiquariaten erstandenen kirchenhistorischen Wälzer präsentiert – aber »nur, um zu verhindern, dass man ernste Themen aufgriff«.

Der Historiker Henri Daniel-Rops fällte das nüchterne, aber ausgewogene Urteil: »Msgr. Roncalli hatte sich den Ruf eines Mannes erworben, der immer redete, sich immer bewegte, der den Gesprächspartnern schlecht zuhörte, der die Zuhörer mit tausend Argumenten unterhielt, die gänzlich von dem Thema abwichen, dessen Behandlung alle erwarteten. Er lachte selbst über seine witzigen Einfälle und hatte eine störende Neigung zu geistreichen Bemerkungen. Aber bei diesen Feststellungen zu verharren, würde bedeuten, ihn nicht zu verstehen. Tatsächlich konnte man in dem – zweifellos beabsichtigten – Redefluss bei wachsamer Aufmerksamkeit von Zeit zu Zeit einen kleinen Satz, der im allgemeinen elliptisch war und eine Anspielung enthielt, wahrnehmen, in dem er plötzlich einen tiefen Gedanken offenbarte. Und der Mann, den die Weltgewandten für einen zerstreuten Schwätzer hielten, war vollkommen imstande, noch nach sechs Monaten einen Satz zu wiederholen, den jemand an ihn gerichtet hatte, dem er anscheinend gar nicht zugehört hatte.«

Ähnlich Kardinal Maurice Feltin, der 1949 Erzbischof von Paris geworden war, wie Roncalli ein Bauernsohn aus einem Bergdorf der Voralpen, wie Roncalli leidenschaftlicher Seelsorger und ein strikter Gegner atomarer Bewaffnung. Nach Roncallis Wahl zum Papst verriet Feltin französischen Journalisten, der Nuntius sei immer liebenswürdig gewesen und habe Differenzen stets zu schlichten gesucht; »doch wenn es die Situation erforderte zu handeln, fehlte es ihm nicht an Entschlossenheit. Seine Güte – das ist keine schwammige Güte, viel eher eine kraftvolle. Und dabei ist er klug, scharfsinnig, weitschauend und lässt sich weder von der einen noch von der anderen Seite beeinflussen, davon könnte ich manches Beispiel erzählen!«

Roncallis Reiselust stieß damals oft auf Kritik. Vor allem, wenn unangenehme Post aus Rom zu erwarten war, machte sich der Nuntius gern aus dem Staub. Heute jedoch sehen manche Forscher darin einen Pluspunkt seiner Amtsführung:

»Roncalli, der sich in den engen Gewändern des Botschafters unbehaglich fühlt«, urteilt Professor Fouilloux aus Lyon, »praktiziert eine nonkonformistische Diplomatie, die vorzugsweise mit persönlichen, zuweilen gewagten Bindungen verwoben ist.« Im Unterschied zu seinem durchgeistigt-starren Vorgänger, Nuntius Valeri, habe er »ein Priester von Fleisch und Blut« sein wollen.

Ein naiver Parzival hätte wohl kaum so schneidend scharfe Urteile über seine Umgebung gefällt wie dieser Angelo Roncalli, der 1948 während der Jahresexerzitien bei den Benediktinern von Calcat in aller Bescheidenheit in sein Tagebuch schrieb: »Welch armselige Figur machen doch all die Gelehrten des Jahrhunderts, all die Neunmalklugen und Gerissenen dieser Erde, auch manche der vatikanischen Diplomatie, stellt man sie in das Licht der Geradheit und Lauterkeit, das von dieser grundlegenden und großen Lehre Jesu und seiner Heiligen ausstrahlt!« Jede von sonst »tüchtigen Geistlichen« praktizierte Form von »Misstrauen oder Unhöflichkeit, gegen wen auch immer, vor allem gegen die Kleinen, die Armen, die Geringen« tue ihm tief im Herzen weh. Doch dann ziehe er das Schweigen vor, weil das die bessere pädagogische Methode sei als ein strenges Vorgehen.

»Meine Fenster sind weit geöffnet«, sagte er einmal zu einem Diplomaten, »und meine Ohren sind bereit zu hören. Nur mein Mund ist über vieles verschlossen.«

1951 wurde Nuntius Roncalli zum ersten ständigen Beobachter des Vatikans bei der in Paris angesiedelten *UNESCO* berufen. In zwei tiefgründigen Ansprachen, damals vor der Generalversammlung und ein Jahr später bei einer Arbeitstagung, entwarf er bereits ein überzeugendes Programm für die vertrauensvolle Zusammenarbeit von Katholiken mit Andersdenkenden, das die Kursänderungen des späteren Konzils vorwegnahm. Im Unterschied zu den meisten Kurienbeamten sah Roncalli in einer solchen internationalen Dachorganisation mit erzieherischen und kulturellen Interessen keine Konkurrenz für die Kirche, sondern einen möglichen Partner. »Eine hohe Schule der gegenseitigen Achtung« solle die *UNESCO* sein, ohne die religiösen und kulturellen Werte der einzelnen Völker aus den Augen zu verlieren. Er zitierte einen seiner Vorgänger, der 1893 im Élyséepalast das Motto formuliert habe: »Sich ohne Misstrauen in die Augen blicken, sich einander ohne Furcht nähern, einander helfen, ohne dabei das Gesicht zu verlieren!«

In einer solchen Atmosphäre, reich durch einen die besten Werte menschlicher Kultur vereinenden Glauben, aber voller Respekt und Liebe für alle Ebenbilder Gottes, sollten die Katholiken eigentlich immer leben. Die Geschichte sei dazu da, »sie zu beherrschen und sie dem Heil, nicht aber dem Schiffbruch der Welt entgegenzuführen«. Manchmal könne der Eindruck entstehen, pädagogische, kulturelle, wissenschaftliche Arbeit ermangle der Lebenskraft, des Selbstwertes, deutete Roncalli behutsam an. Dann vermittle ihr der Katholik durch seine Beteiligung die Weisheit, Kraft und Würze der Bergpredigt, »das Salz, das die Dauerhaftigkeit und die erlesene Güte des Erfolgs verbürgt«.

Gar nicht naiv zeigte sich der Nuntius auch im Konflikt um Algerien. Das Land war damals noch französische Kolonie, im Zweiten Weltkrieg hatte sich die *Resistánce* dort verschanzt, aber die muslimische Bevölkerung forderte immer stärker ihre Freiheit. 1954, als der militärische Aufstand gegen Frankreich unter Ben Bella begann, der acht Jahre später zur Unabhängigkeit führen sollte, war Roncalli zwar nicht mehr Nuntius; aber das erbitterte Ringen zwischen den Unterstützern der Freiheitsbewegung und den Anhängern des alten Kolonialsystems erlebte er in vollem Umfang mit.

In seinen Neujahrsansprachen vor dem Diplomatischen Corps verband er kluge Höflichkeit und prophetische Parteinahme für die Unterdrückten, deren Lage er auf einer 9000-Kilometer-Reise durch Nordafrika kennen gelernt hatte. Am 31. Dezember 1948 nannte er die Freiheit gegenüber Präsident Auriol pointiert eine »Tochter Gottes« sowie ein unveräußerliches Menschenrecht und rühmte ganz allgemein, aber unmissverständlich die »edle Entschlossenheit« jener Staatsmänner, »die Gerechtigkeit und Brüderlichkeit zwischen den Völkern selbst den berechtigtsten Sonderinteressen vorziehen«. Am 30. Dezember 1950 warnte er vor einer Problemlösung mit Gewalt; Krieg bedeute »die Zerstörung der Kultur und die Rückkehr zur Barbarei«.

Bruch oder Kontinuität?

Die entscheidende Frage, die den Forschern solches Kopfzerbrechen bereitet, ist die nach der Kontinuität und den möglichen Brüchen in der persönlichen Entwicklung des späteren Papstes. Ist aus einem angepassten, ängstlich nach den Vorgesetzten schielenden Vatikanbeamten mit engem Denkhorizont und anspruchsloser Frömmigkeit plötzlich, wie durch den Ausbruch eines inneren Vulkans, der Revolutionär auf dem Stuhl Petri geworden? Oder steckt in dem Seelsorgerdiplomaten Roncalli, dessen Güte und Gesprächsbereitschaft von Anfang an keine Grenzen und Tabus kannte, schon der ganze rebellische Johannes XXIII.? Jener freundliche Provokateur, der sich lieber Petrus, Felsenmann, hätte nennen sollen, weil er die bedächtigen Gegenargumente schüchterner Mitarbeiter ebenso wie das beinharte Beharrungsvermögen kampferprobter Kurienkardinäle mit breitem Lächeln und ein, zwei resoluten Sätzen auszuhebeln verstand?

Kurz nach dem Tod von Papst Johannes hat der Erzbischof von Bologna, Kardinal Giacomo Lercaro – er kannte Roncalli sehr gut und teilte als eine der charismatischen Leitfiguren des Konzils seine Ziele – in einem viel zu wenig beachteten Buch *Giovanni XXIII – Linee per una ricerca storica,* »Entwurf eines neuen Bildes«, vor dem Konstrukt eines großen Bruchs in Roncallis Persönlichkeit gewarnt. Er sei nicht jener einfältige Mensch gewesen, der auf Grund seiner Einfachheit und Geradlinigkeit »ohne jede weitere Vorbereitung an Wissen und Erfahrung« in einem bestimmten Augenblick »ein gefügiges Werkzeug des Heiligen Geistes werden und einige elementare Entscheidungen ganz den Erfordernissen entsprechend treffen konnte, ohne sich dessen eigentlich bewusst zu werden, ohne eigenes Dazutun«. Roncallis Leben sei kein »Scherz Gottes« gewesen, und es sei kein neuer Mensch entstanden, als er am Ende einer langen Laufbahn zum Papst gewählt wurde und »die Mittelmäßigkeit das Genie gebar«.

Denn im Augenblick des Konklaves, im Herbst 1958, habe der zum Papst Erhobene bereits über außergewöhnliche Schätze an Wissen und Erfahrung verfügt. »Sie waren ihm nicht geschenkt worden, sondern mit Geduld und Ausdauer erworben«, stellt Lercaro klar. Er habe sich eine ungewöhnliche Bildung verschafft, »die zwar nicht in die Breite, wohl aber in die Tiefe ging; die nicht nach außen glänzte, sich aber durch Gediegenheit, Ausgeglichenheit, Klarheit und Kraft zur Synthese auszeichnete«. Keine nur angelesene Bildung, sondern eine lebendige, schöpferische. Lercaro nennt ihn einen »Mann der Quellen«, nicht des Schulwissens und der wissenschaftlichen Analysen. Diese lebenslange beharrliche Auseinandersetzung mit den Quellen christlicher Geistigkeit habe sich bei Roncalli mit seinem Realismus verbunden, seinem Sinn für das Konkrete, seiner liebevollen Beobachtung der sich wandelnden Umwelt.

Sowohl die routinierten Vertreter des Schulwissens als auch die selbstsicheren modernen Problematisierer hätten diese Art von Bildung nur verkennen können, behauptet Lercaro: »Den einen erschien sie als Naivität, weil sie sich nicht in den ›probaten‹ Formeln der Schule oder kurialen Praxis ausdrückte und weil sie zu praktischen Konsequenzen führte, die ihre ganzen Systeme umwarfen. Den anderen erschien sie als Mittelmäßigkeit, als Mangel an Information und kritischem Geist, weil ihm jegliche intellektualistische Kompliziertheit fremd war: Allen aber kam sie als etwas leichtfertige und unkontrollierte Gutmütigkeit vor (...)«

Wobei der als Identitätsbruch missverstandene »Sprung« kurz vor Ende dieses Lebens wohl auch die ganz natürliche Folge einer mit dem neuen Amt errungenen Freiheit war: Bis in sein achtes Lebensjahrzehnt hinein hatte Angelo Roncalli unter seinen Vorgesetzten gestöhnt: Lehrer, Seminarrektoren, Bischöfe, Kurienbeamte. Ein Papst freilich hat keinen irdischen Chef mehr über sich; er kann das tun, wozu ihn sein himmlischer Herr ermutigt.

»Wir haben damals nichts verstanden«, bekannte Robert Rouquette SJ nach dem Tod des Papstes. »Als er in Paris war, haben wir geglaubt, er neige zum Integralismus.« Also zum Gettodenken und zur Ablehnung jeder Öffnung gegenüber »weltlichen« Strömungen. Hätte man denn erraten können, »dass unter dem äußerlichen Konformismus, den der Nuntius an den Tag legte, sich eine zurückgedrängte Freiheit des Geistes versteckte, die den Augenblick erwartete, da sie sich offenbaren könnte«?

Wahrscheinlich konnte man es wirklich nicht erraten. Denn die schnellen Denkbewegungen im französischen Katholizismus jener Jahre blieben dem behäbigen Nuntius anscheinend fremd, der immer von Bergamo erzählte und sich an volkstümlichen Wallfahrtsstätten besonders wohl fühlte. Wir wissen nicht, ob er jemals Claudel, Mauriac, Bernanos, Julien Green gelesen hat, ob er sich von Sartres verzweifeltem Existenzialismus oder vom wilden Aufbegehren eines Albert Camus gegen einen Gott ohne Mitleid herausfordern ließ.

Von seiner ganzen Mentalität her und dann auch auf Grund seiner leidvollen Erfahrungen mit der römischen Zentrale verstand sich der Nuntius gewiss nicht einfach als Aufpasser oder Spion. Andererseits gehörte der Gehorsam zu den Tugenden, um die er sich besonders mühte. Nicht im Traum wäre er auf die Idee gekommen, das Petrusamt in Frage zu stellen, das die Verbindung der Kirche mit ihrem Ursprung garantierte. Und die vielen Kurienpolitiker und Glaubenswächter und Zensurbeamten im Vatikan, so wenig sympathisch sie ihm im Einzelfall sein mochten, gehörten doch alle irgendwie zu diesem Petrusamt.

Deshalb war es ganz folgerichtig, dass sich der Nuntius Roncalli bei seinen Exerzitien 1947, in einer Pariser Jesuitenniederlassung, selbst zur Ordnung rief: »Ich darf nicht aus reiner Gefälligkeit oder Furcht, dadurch Anstoß zu erregen, Mängel übersehen und die wirkliche Lage bezüglich des religiösen Lebens, des ungelösten Schulproblems, des Priestermangels, der Ausbreitung des Laizismus und des Kommunismus hier bei der ältesten Tochter der Kirche verschleiern.«

Das Gespenst »Arbeiterpriester«

Lässt sich das Phänomen Roncalli enträtseln, wenn man Fälle analysiert, in denen er trotz aller versöhnlerischen Neigungen zwischen die Fronten geraten musste? Der Pariser Kardinal Emmanuel Suhard hatte in mehreren scharfsichtigen Hirtenbriefen Frankreich als Missionsland geschildert und der träge gewordenen Kirche eine Radikalkur verordnet: Wollte sie mit den Intellektuellen, den Arbeitern, den jungen Frauen wieder ins Gespräch kommen, musste sie ihr Erscheinungsbild ändern und ganz neue Formen von Seelsorge erfinden. Suhard, zwar durch den Vorwurf der Kollaboration in der Ära Pétain belastet, aber ein blitzgescheiter Kopf mit Problembewusstsein und Weitblick, machte sich durch solche Alleingänge in Rom nicht gerade beliebt.

Der Nuntius traf Suhard in den viereinhalb Jahren bis zu dessen Tod 1949 mindestens 45mal. Anfangs standen sie sich ziemlich reserviert gegenüber; Suhard habe den Nuntius gefürchtet und nach solchen Begegnungen »finster und unglücklich« gewirkt, hält Pater Rouquette fest. Doch bald wuchs eine aufrichtige gegenseitige Wertschätzung. Roncalli begann, von Suhard zu lernen; er begriff die Grenzen, aber auch die Möglichkeiten einer Kirche, die in Kultur und Geschichte eines Landes enorm stark verwurzelt war, aber für das gegenwärtige gesellschaftliche Leben irrelevant zu werden drohte. Jean Vinatier, der eine große Biografie des Kardinals geschrieben hat, kommt zum Urteil, nach seiner Wahl zum Papst habe sich Roncalli als echter *Suhardien* erwiesen, als kühner Visionär auf Suhards Spuren.

Tatsächlich konnte der Nuntius über seinen römischen Vertrauten Montini einen Artikel im *Osservatore Romano* lancieren, der Suhard und seine *Mission de Paris,* wo unkonventionelle Seelsorgsmethoden für ein kirchenfernes Großstadtmilieu erprobt wurden, lobte. Er erreichte die Zustimmung des Vatikans zur Sakramentenspendung in französischer Sprache – damals eine gewagte Neuerung – und zum Statut der in Lisieux eingerichteten Ausbildungsstätte der *Mission de France,* obwohl konservative Kreise Rom mit Beschwerden gegen die damit verbundene »Proletarisierung« der Geistlichkeit bombardierten.

Damit ist das Gespenst genannt, das den bürgerlichen Katholizismus in Frankreich, noch mehr aber die Beobachter im fernen Rom in Angst und Schrecken versetzte: die »Arbeiterpriester«. In Lisieux wurden nämlich junge Priester speziell zum Dienst im Arbeitermilieu geschult. Und in den französischen Industrieregionen bildeten sich Equipen von Priestern – insgesamt waren es an die 120 –, die hauptberuflich und auf Dauer eine Fabrikarbeit annahmen, um ihren Freunden am Fließband und in der Werkshalle nahe zu sein. Sie feierten in ihren armseligen Mietwohnungen Gottesdienst mit Nachbarn und Arbeitskollegen, beteiligten sich an Streiks, betätigten sich in der Gewerkschaft. Natürlich waren solche Priester von der kirchlichen Hierarchie nicht mehr so leicht zu kontrollieren, sie besaßen eine gewisse wirtschaftliche Unabhängigkeit und engagierten sich nicht selten unter kommunistischer Flagge. Ob sie denn regelmäßig das Brevier beteten und ihr Zölibatsversprechen einhielten, wollte Monsignore Ottaviani vom römischen *Heiligen Offizium* von Kardinal Suhard wissen.

Suhard hatte dem Experiment dennoch bereits 1943 zugestimmt; damals waren es vor allem Priester gewesen, die sich nach Deutschland verpflichten ließen, wo zahlreiche französische Zwangsarbeiter in Rüstungsfabriken schufteten. Wie der Nuntius Roncalli über die »Arbeiterpriester« dachte, ist wieder einmal nicht exakt zu entschlüsseln, solange der Briefwechsel zwischen Nuntiatur und Vatikan noch unter Verschluss ist. 1956 hielt er jedenfalls als italienischer Kardinal eine Rede vor katholischen Laienaktivisten und erzählte eine rührselige Geschichte, die Gegner des Experiments immer wieder hervorkramten: Die Kameraden eines solchen Arbeiterpriesters hätten diesen beschworen, seinen Fabrikjob an den Nagel zu hängen, um sich voll und ganz der Seelsorge an ihren Frauen und Kindern widmen zu können.

Es wurde behauptet, als Nuntius habe er von Rom eine vorläufige Duldung der Arbeiterpriester erwirkt. Als der Vatikan Einschränkungen machte – Begrenzung der Fabrikarbeit auf drei Stunden täglich, Verzicht auf jedes politische Engagement, Teilnahme am »normalen« Leben einer Pfarrei –, war Roncalli schon nicht mehr in Paris. Das endgültige Verbot des Experiments 1959 fiel jedoch in seine Amtszeit als Papst, und er schrieb Kardinal Feltin einen salomonischen Brief: Der »geheiligte Charakter« des Priestertums sei »unter allen Umständen« zu wahren, was die Notwendigkeit nicht ausschließe, »auf die Arbeiter zuzugehen und ihnen den Hauch von Licht und Gnade zu bringen«. 1964 ließ sein Nachfolger Paul VI., der einstige Monsignore Montini, wieder eine abgeschwächte Form des Modells zu.

Man weiß auch nicht, ob und inwieweit Roncalli vom *Sanctum Officium,* der vatikanischen Glaubensbehörde, und vom Papst selbst beigezogen wurde, als es um Sanktionen gegen französische Theologen ging. 1950 erschien die Enzyklika *Humani generis,* ein Paukenschlag wider die gesamte *théologie nouvelle* (»neue Theologie«), und in der Folgezeit verloren deren glänzendste Repräsentanten ihre Lehrstühle: der Dominikaner Yves Congar, der die Kirche als Volk Gottes (und nicht mehr als hierarchische Pyramide) verstand und gegen ihre Zerrissenheit eine entschlossene Ökumene setzte; der Jesuit Henri de Lubac, der göttliche Gnade und menschliche Natur organisch zu verbinden suchte; der Dominikaner Marie-Dominique Chenu, der mit seiner Theologie der Arbeit dem Alltag der kleinen Leute seine Würde rettete und in der profanen Geschichte den Heiligen Geist am Werk sah.

Als die Enzyklika erschien, begab sich der Nuntius wieder einmal flugs auf Reisen. Es sind keine Äußerungen von ihm erhalten. Aber die damals in die Wüste geschickten Theologen machte er später zu Konzilsberatern, ihre Ideen prägten seine wichtigsten Reden als Papst. Lubac durfte übrigens noch 1983 eine besonders glanzvolle Rehabilitation erleben: Johannes Paul II. machte ihn zum Kardinal.

Der Nuntius Roncalli, solidarischer Weggefährte eines geistigen Aufbruchs oder Bremser im Auftrag einer misstrauischen Kirchenbürokratie? Fröhlicher Pionier oder ängstlicher Beobachter? »Gott verlangt von uns, dass wir klug sind, er verlangt nicht, dass wir Propheten sind«, so pflegte er Papst Benedikt XV. zu zitieren – und ließ sich nicht in die Karten schauen.

Aber es war der französische Botschafter beim Heiligen Stuhl, der seiner Regierung bereits 1954, vier Jahre vor dem Tod Pius' XII. und ein Jahr nach dem Weggang des Nuntius aus Paris, signalisierte, »Seine Eminenz Roncalli« hätte bei einer Papstwahl »sehr große Chancen«. Wladimir d'Ormesson: »Ich möchte nur sagen, dass sein Takt und die unvergleichliche Mischung seiner Qualitäten, die ihm bei gewissen Persönlichkeiten in Pariser Kreisen, die der heiligen Kirche nah- oder fernstehen, Erfolge eingebracht haben, die gleichen Vorzüge darstellen, die ihm eines Tages ermöglichen könnten, die Stimmen des hl. Kollegiums zu bekommen. Bequem für die Integristen, beruhigend für die Unentschlossenen oder Gemäßigten, ist er imstande, als der Kandidat der ›Mitte‹ aufzutreten. Außerdem höre ich aus verschiedenen Quellen, dass seine ›Wertschätzung‹ im Steigen begriffen ist.«

Den Kardinalshut braucht man nur beim Begräbnis

Im November 1952 kam die Nachricht von der bevorstehenden Ernennung zum Kardinal – für den gerade 71 Jahre alt gewordenen Nuntius ein Schock. Sein Freund Montini hatte ihm zwar telegrafiert, in Venedig liege der Patriarch Carlo Agostini im Sterben, und man wolle wissen, ob Roncalli bereit sei, dessen Nachfolge anzutreten. Doch wer konnte ahnen, auf welche verrückten Einfälle die Römer diesmal kommen würden? Wollte man ihn auf seine alten Tage etwa noch an die Kurie holen und an einem barocken Schreibtisch versauern lassen? Beispielsweise als Präfekt der Kongregation für die Ostkirchen, von denen er nun wirklich eine Menge verstand?

»Missmutig und kummervoll« fand ihn Erzbischof Feltin vor, als er ihm zu der Ehrung gratulieren wollte; die Absicht des Vatikans war natürlich bereits durchgesickert. »Ich bin überhaupt nicht glücklich«, brummte der Nuntius. »Ich kann mir nicht vorstellen, in Rom zu sein, wo ich genötigt bin, jeden Tag zu irgendeinem *congresso* zu gehen und mich mit Verwaltungsarbeit zu befassen, das ist nichts für mich. Ich bin Seelsorger.« Zu allem Überfluss hatte er zusammen mit Montinis Telegramm einen Brief aus Sotto il Monte erhalten: Seine geliebte Schwester Ancilla hatte Krebs und nicht mehr lange zu leben.

Mit Erleichterung, man muss es wohl annehmen, wird er kurz nach Weihnachten vom Tod des Venezianers Agostini erfahren haben. Bald kam die Bestätigung, dass er als Patriarch – seit 1451 heißt der Bischof dort so – nach Venedig gehen sollte, eine ideale Verbindung von Repräsentations- und Führungsaufgaben mit unmittelbarer Seelsorge. Für einen passionierten Kirchenhistoriker und Spezialisten für die (heiklen) Beziehungen zwischen West- und Ostkirche wie Roncalli war Venedig außerdem ein Traumposten. Dennoch schrieb er beim Abschied von Paris ein wenig betrübt in sein Tagebuch: »Eine Trennung voller Schmerz, aber sanft getröstet aus der Verbundenheit mit Gott und aus dem wohltuenden Wissen, Menschen durch Güte näher gekommen zu sein.«

Die Erhebung zum Kardinal kommentierte er gelassen wie immer, unter den großmächtigen Purpurträgern habe es Heilige gegeben, aber auch Schurken. Und der begehrte Kardinalshut trete lediglich beim Begräbnis in Erscheinung, ließ er seinen Neffen Battista wissen, da werde er nämlich hinter dem Leichenwagen hergetragen. Man habe ihm berichtet, dass der Patriarch in Venedig »arm wie ein Vogel« leben müsse, doch der Herr werde schon für ihn sorgen.

Mit einer farbenprächtigen Gondelprozession auf dem *Canale Grande* hielt der neue Patriarch am 15. März 1953 Einzug in die Lagunenstadt. Seine Begrüßungsansprache gewann ihm mit einem Schlag die Herzen der Venezianer: »Ich möchte mit dem größten Freimut zu euch sprechen«, begann er. »Man hat Dinge von mir erzählt und geschrieben, die meine Verdienste weit übertreiben. Ich darf mich in Demut vorstellen. (…) Ich stamme aus bescheidenen Verhältnissen und wurde in zufriedener und gesegneter Armut aufgezogen – einer Armut, die wenig Bedürfnisse kennt, die vornehmsten Tugenden ausbildet und einen für die Höhenflüge des Lebens vorbereitet. Die Vorsehung hat mich aus meinem heimatlichen Dorf weggeholt und über die Straßen der Welt in Ost und West wandern lassen, sie hat mich mit Menschen anderer Religionen und Weltanschauungen zusammengeführt, mit akuten und bedrohlichen sozialen Problemen in Berührung gebracht und mir die Ruhe und das Gleichgewicht für ihre Erforschung und Würdigung bewahrt. An der Unerschütterlichkeit der Grundsätze des katholischen Glaubens und der Moral festhaltend, habe ich mich doch immer mehr um das Einigende als um das Trennende und Gegensätzliche gekümmert.«

»Nun, am Ende einer langen Lebenserfahrung«, fuhr Roncalli fort, »komme ich nach Venedig, dem Land und dem Meer, das meinen Ahnen durch gut vier Jahrhunderte vertraut war (...). Ich habe euch nicht Neuigkeiten zu erzählen wie Marco Polo, als er zu den Seinen zurückkehrte. (...) Aber ich empfehle eurem Wohlwollen den Menschen, *che vuol essere semplicemente vostro fratello,* der einfach euer Bruder sein will, liebenswürdig, zugänglich, verständnisvoll.«

Die Venezianer waren von ihm begeistert. In sein karg eingerichtetes Palais konnte jeder kommen, ohne Voranmeldung und protokollarische Formalitäten. Ein eigenes Motorboot wollte er nicht haben; lieber plauderte er in den öffentlichen Verkehrsmitteln mit den Fahrgästen. »Kommt, setzt euch zu mir«, ermunterte er die Leute im *vaporetto,* dem Bootsbus. »Ihr zahlt dasselbe Fahrgeld wie ich. Kommt, wir wollen uns ein wenig unterhalten.«

Man sah den Patriarchen in einem Café in der Nähe des Markusplatzes sitzen, wo er sich ein Gläschen *vino bianco* munden ließ. Man traf ihn am Kai des *Canale grande,* wo er sich auf den Steinstufen ausruhte und mit den Gondolieri diskutierte. Als ihn sein Freund aus Paris, Kardinal Feltin, besuchte, führte er ihn auf den Markusplatz und bestellte bei der Stadtkapelle die *Marseillaise.* Und angeblich gab es keine Pfarrgemeinde in der ausgedehnten Diözese Venedig, wo der Patriarch nicht irgendwann einmal die Messe zelebriert hätte.

Plakative Gesten für die Reporter? Wenn Roncalli einen Menschen traf, dem das Herz schwer war, konnte er sich endlos Zeit für ihn nehmen. Irgendwie war ihm zu Ohren gekommen, dass sich eine junge Venezianerin unsterblich in einen französischen Lastwagenfahrer verliebt hatte, den sie in den

Ferien am Lido kennen gelernt hatte. Der Schwerenöter reiste ab, ohne eine Adresse zurückzulassen, und das Mädchen wurde vor Kummer krank. Der Patriarch war so gerührt, dass er an einen Pariser Bekannten, einen Kaplan, schrieb und ihn bat, den Lastwagenfahrer zu suchen, von dem er nur wusste, dass er blond sei und blaue Augen habe. Der junge Mann wurde tatsächlich gefunden, doch leider stellte sich heraus, dass er bereits mit einer Französin verlobt war.

Kurz vor Weihnachten las Roncalli in der Zeitung, dass die Gattin eines Führungsmitglieds der Katholischen Aktion Venedigs gestorben war. Spontan rief er den Witwer, Eugenio Bacchion, an und schlug vor: »Das ist Ihr erstes Christfest mit einem leeren Platz am Tisch. Möchten Sie nicht mit Ihren Kindern zu mir zum Weihnachtsessen kommen?«

Skandal: ein Grußwort für die Sozialisten

Venedig war und ist keine typische Großstadtdiözese wie Mailand oder Turin, aber in den Schiffswerften und Stahlwerken von Porto Marghera oder Mestre gibt es dieselben Probleme wie in allen industriellen Ballungszentren, und im Sommer bringt die unübersehbare Schar der Touristen Geld, aber auch Konflikte in die Stadt der Kirchen und Paläste. Roncalli bat die nicht immer stilsicheren Gäste in einem Offenen Brief, sich nicht gar zu spärlich zu kleiden, »denn Italien liegt ja nun nicht gerade am Äquator«, und selbst dort gingen die Löwen in Fellen umher und die Krokodile bedeckten sich mit ihren kostbaren Schuppenhäuten. Ernster nahm er die Sorgen der finanziell Schwachen, deren Elend er hinter der prächtigen Fassade der Märchenstadt sah. Wenige Tage nach seinem Amtsantritt machte er bereits einen Besuch in den Fabriken von Marghera, wo viele junge Venezianer ihr Brot verdienen, und feierte eine Messe für die Opfer von Arbeitsunfällen. Den Ostergottesdienst im folgenden Jahr hielt er mit der Belegschaft von *Agip* im Industriehafen.

Was harte Arbeit hieß, wusste der Patriarch. Er hatte es sich angewöhnt, um vier Uhr morgens aufzustehen, und saß nachts um zehn Uhr oft noch am Schreibtisch. Er reiste wie eh und je umher; in den fünf Jahren seiner Tätigkeit in Venedig wurden 30 neue Pfarreien vor allem in Industriegebieten errichtet. Roncalli war ein ziemlich rüstiger Greis; als man den weithin leuchtenden Engel an der Spitze des Glockenturms von San Marco restaurierte, kletterte der Patriarch tapfer die schmale Treppe im Turminnern hinauf, um den Himmelsboten zu segnen, wobei er in hundert Metern Höhe auf einem Steinblock balancierte und sich aus dem Campanile beugte, von seinem Sekretär Loris Capovilla an der Soutane festgehalten. Als sie wieder unten waren, wunderten sich die Leute, warum Capovillas Gesicht kreidebleich war.

Auch seine Neugier auf Menschen hatte der Patriarch Roncalli nicht verloren. Er traf sich mit Provinzräten und Feuerwehrleuten, Ordensoberen, Kunsthistorikern und Krankenschwestern. Er lud ein Rugby-Team und die Fußballmannschaft von Porto Marghera in seinen Amtssitz ein. Er hielt guten Kontakt zu Venedigs Bürgermeister Battista Giaquinto, der den Schönheitsfehler hatte, ein Kommunist zu sein, und ermutigte die Christdemokraten, die Interessen der kleinen Leute zu vertreten. Standhaft wehrte er sich jedoch gegen Versuche, ihn in Propagandafeldzüge der *Democrazia Cristiana* einzuspannen. Zu deren Entsetzen stellte er bei seinem Antrittsbesuch im Rathaus klar, er befinde sich in einem Haus, »das dem Volk als Ganzem gehört«. Christ dürfe sich nur nennen, wer für einen guten Zweck arbeite. »Deshalb bin ich glücklich, bei Ihnen zu sein, obwohl es manche hier geben mag, die sich selbst nicht Christen nennen, aber auf Grund ihrer guten Taten als solche anerkannt werden können. Allen gebe ich meinen väterlichen Segen!«

In Bauerndörfern und Industriepfarreien mochte die Arbeitsteilung zwischen Don Camillo und Peppone in einer Mischung aus Respekt, gutmütiger Neckerei und steter Kampfbereitschaft funktionieren – auf den höheren Ebenen von Kirche und Politik galt strikte Distanz, zumal sich die italienischen Kommunisten noch nicht von Stalin gelöst hatten. Die *Democrazia Cristiana* hingegen, seit 1945 führend an allen Regierungen beteiligt und bisher nur an Koalitionen mit Konkurrenten von rechts interessiert, konnte auf die tatkräftige Unterstützung des Papstes und großer Teile des Klerus zählen. Wie alle italienischen Bischöfe warnte Roncalli vor der »unmöglichen Ehe zwischen der christlichen und der marxistischen Sicht der gesellschaftlichen Ordnung« (Fastenhirtenbrief 1955). Wie alle Repräsentanten der Hierarchie mahnte er die Katholiken, die Gefahren von Sozialismus und Säkularismus nicht zu unterschätzen und dem Papst zu folgen: »Das ist eine Sache der Disziplin (...). Gedankenfreiheit in allen Ehren, persönliche Überzeugungen verdienen Respekt – doch innerhalb der anerkannten Grenzen« (Ansprache vor Mitgliedern der Katholischen Aktion 1956).

Aber dann leistete er sich wieder so skandalöse Alleingänge wie das Grußwort an den Kongress der *Sozialistischen Partei Italiens,* der 1957 unter Pietro Nenni in Venedig tagte: Das Treffen der Roten sei gewiss »von großer Bedeutung für die Entwicklung unseres Landes«, und es möge dazu beitragen, die Kluft zwischen weltlicher und christlicher Kultur zu überbrücken. *L'Unita,* das Zentralorgan der Kommunistischen Partei, interpretierte die freundlichen Worte unverzüglich als

Angebot zur Zusammenarbeit, und Monsignore Angelo Dell'Acqua, der im vatikanischen Staatssekretariat den als Erzbischof nach Mailand wegbeförderten Montini abgelöst hatte, sprach einen offiziellen Tadel aus. Roncalli weigerte sich auch hartnäckig, den Kurs der christdemokratischen Tageszeitung *Il Popolo del Veneto* zu verurteilen, die bereits damals die Öffnung der Partei nach links, *apertura a sinistra,* und eine konsequente Verwirklichung sozialer Reformen vertrat. Das war die Linie von Montini, aber der hatte im Vatikan nicht mehr viel zu sagen, und die tonangebenden Kurienbeamten übten massiven Druck auf die Bischöfe der Region Venetien aus. Um des lieben Friedens willen veröffentlichte Roncalli schließlich einen Hirtenbrief, in dem er eine »um jeden Preis« betriebene *apertura a sinistra* ablehnte; man beachte die Einschränkung. Zu weitergehenden Repressionen war er nicht zu bewegen.

Der gutmütige Tor! – stöhnten sie im Vatikan und übersahen, dass der vermeintlich so wachsweiche Patriarch sehr wohl durchgreifen konnte, wenn er von einer Sache überzeugt war. »Hart wie Stahl« nannte ihn sein Bischofskollege und guter Freund Urbani aus Verona, der sein Nachfolger in Venedig werden sollte. Roncallis entschlossener Protest verhinderte die von der Stadtverwaltung betriebene Verlegung des Spielkasinos vom Lido in den *Palazzo Giustinian* mitten im Stadtzentrum. Und seinem Klerus verbot er die Anschaffung von Fernsehgeräten; das meist schlechte Programm würde die Geistlichen nur von ihren Seelsorgspflichten abhalten.

Den Managern der *Biennale,* der internationalen Kunstausstellung auf dem Lido, empfahl er Behutsamkeit bei der Präsentation avantgardistischer Objekte mit religiösem Bezug. Doch als erster Patriarch besuchte er die Werkschau, lud die Künstler zu einem Empfang ein, gab nicht vor, etwas von der abstrakten Richtung zu verstehen, stellte aber erfreut fest, »dass

113

sie wenigstens weder mit den Dogmen noch mit der Moral in Konflikt gerät«. Den Russen Igor Strawinsky lud er ein, sein Oratorium *Canticum sacrum in honorem Sancti Marci Evangelistae* – mit gewagten Zwölftonklängen und archaischen Rhythmen – in San Marco uraufzuführen, obwohl der Vatikan Bedenken vorgebracht hatte: Strawinsky war nicht katholisch.

Die Römer hatten es vermutlich mittlerweile aufgegeben, den starrköpfigen alten Priester mit der magnetischen Ausstrahlung ändern zu wollen. Man berief ihn immerhin in drei vatikanische Kongregationen: *Propaganda Fide,* Ostkirchen, Ordensleute. Man ließ ihn weiter forschen und seine Arbeit an den Visitationsberichten des heiligen Carlo Borromeo vollenden. Man nahm erleichtert zur Kenntnis, dass er die gut vorbereitete Diözesansynode 1957 in drei Tagen über die Bühne brachte, ohne dass es kontroverse Debatten oder aufmüpfige Resolutionen gegeben hätte.

Die Ansprache jedoch, die er dabei über die »geistliche Vaterschaft« eines Bischofs hielt, hätte die nach Montinis Weggang unumschränkt herrschenden Betonköpfe im Vatikan alarmieren müssen:»Autoritäres Gehabe erstickt das Leben«, sagte Roncalli, »es verwechselt Schroffheit mit Stärke, Starre mit Würde. *Il paternalismo,* patriarchalische Fürsorge, ist eine Karikatur von *paternitá,* Vaterschaft. Sie hält die Menschen unreif, um die eigene Überlegenheit zu wahren (...), lässt es an Respekt vor den Rechten der Untergebenen fehlen.«

Doch in Rom haben sie die Dokumente aus Venedig wohl nicht so genau gelesen, und der 81-jährige Papst Pius XII., der in einem solchen Regierungsprogramm einen verschlüsselten Angriff auf die eigene Amtsführung hätte sehen können, war zu müde und zu krank, um sich dafür noch zu interessieren.

4
DIE ERNTE:
PETRUSAMT

»Ich bin Josef, euer Bruder«

Ein selbstsicherer Papstkandidat

Der Kardinal von Venedig gehört traditionsgemäß zu den *papabili*, den möglichen Papstkandidaten. Giuseppe Sarto, der spätere Papst Pius X., war Patriarch in Venedig gewesen, und in der Zeit nach Roncalli auch Albino Luciani, als Johannes Paul I. der tragische »Papst der 33 Tage«. Aber das war eigentlich nicht der Grund, warum der Kardinal Roncalli recht selbstsicher ins Konklave ging, als am 9. Oktober 1958 Papst Pius XII. gestorben war. Er konnte sich vielmehr als Kompromisskandidat zwischen den beharrenden Kräften der Kurie und den für einen Kurswechsel an der Spitze eintretenden Bischöfen der großen Weltstädte durchaus realistische Wahlchancen ausrechnen.

Dass er das tatsächlich getan hat, passt nicht recht in das geläufige Bild vom schlichten Bauernsohn Angelo. Seinem Heimatbischof schrieb er zum Beispiel am Tag vor Beginn des Konklaves recht unverblümt: »Im Grunde ist es unwesentlich, ob der neue Papst aus der Provinz Bergamo kommt oder nicht.«

Er konnte ja auch nicht gut die Ohren vor dem Klatsch verschließen, der in Rom, Venedig, Bergamo, Paris blühte und ihn mit wachsender Selbstverständlichkeit unter die ernst zu nehmenden *papabili* einreihte. Als ein frommer Wirrkopf namens Gaston Bardet seine himmlischen Eingebungen in Buchform herausgab und Roncalli die Tiara prophezeite, wurde es ihm zu bunt: »Ein paar verrückte Franzosen«, entrüstete er sich in einem Brief an seine Schwester Maria, »die Offenbarungen und das zweite Gesicht haben, nannten mir sogar den Namen, den ich annehmen würde, wenn man mich zum Papst wählen sollte. Sie sind verrückt, verrückt, alle miteinander! Ich hingegen denke ans Sterben. Ich habe hier ein volles Arbeitsprogramm (...), aber ich bin alle Tage bereit und vorbereitet zu sterben (...). Weißt Du, Maria, so ein Weiterleben in täglicher Bereitschaft und Vorbereitung auf einen guten Tod hat zum Ergebnis, dass ich mir im Herzen einen noch lebendigeren und sanfteren Frieden erhalte und vermehre wie nie zuvor, der fast schon ein Vorgeschmack des Himmels ist, wo unsere Lieben uns erwarten.« Angelo war 73 Jahre alt, als er diesen Brief schrieb.

Roncalli hat wohl die Unterstützung der einflussreichen französischen Kardinäle bekommen, denen er aus seiner Pariser Zeit in bester Erinnerung war (die ihn allerdings bisweilen auch verkannten, wie wir wissen). Die italienischen Kollegen bewunderten seine Auslandserfahrung. Außerdem ging ihm – obwohl er selbst gern mit seinem Alter kokettierte und oft vom Tod sprach – der Ruf einer robusten Gesundheit voraus. Pius XII., der auf Mitarbeiter lieber verzichtete, hatte nur selten neue Kardinäle ernannt; deshalb war das Kardinalskollegium nicht nur stark zusammengeschrumpft, sondern auch erschreckend überaltert: 24 seiner 51 Mitglieder waren älter als der 76-jährige Roncalli! »In dieser greisen Gruppe«, amüsiert sich Peter Hebblethwaite, »überraschte es nicht, wenn einige der Achtzigjährigen Roncalli als munteren Jüngling betrachteten.« Im übrigen wollte man nach dem zwei Jahrzehnte währenden, strengen Regiment des Pacelli-Papstes einen Nachfolger, der nicht so ewig lang und mit nicht derart eiserner Hand regieren würde. Eine Phase der Beruhigung, der Besinnung wünschten sich viele, Zeit für die notwendige, aber bedächtige Neuorientierung.

Allerdings konnten die Kardinäle im Kandidaten Roncalli wohl kaum eine bloße Notlösung erblicken, einen naiven, leicht lenkbaren alten Mann. Er wird ihnen nicht vorenthalten haben, dass er sich eine veränderte Linie im Vatikan wünschte – wie er es dem Rektor des Priesterseminars von Venedig nach dem Tod von Papst Pius bekannt hatte: »Wir müssen für seinen Nachfolger beten, wer immer es sei, dass er uns nicht eine Lösung bringt, die nur Fortdauer bedeutet, sondern einen Fortschritt, welcher der ewigen Jugend der Kirche entspricht!«

Bei einem Mann freilich, der so viel Lebensweisheit und fleischgewordene Güte ausstrahlte wie Roncalli, gewannen solche Töne einen ganz eigenen Klang. Als jemand, der den gemäßigt Fortschrittlichen sympathisch war und die Erzkonservativen nicht verschreckte, war er der ideale Kompromisskandidat.

Erzbischof Giuseppe Siri von Genua, Vertrauter des verstorbenen Papstes, Wortführer der Traditionalisten, mit wachem sozialem Bewusstsein, galt mit 52 Jahren als zu jung für den Stuhl Petri. Die konservative Fraktion schickte deshalb anfangs den Kurienkardinal Aloisi Masella ins Rennen, der sich einst als Nuntius in Brasilien einen guten Namen gemacht hatte und jetzt nach dem Tod des Papstes als Camerlengo die Fäden im Vatikan in der Hand hielt. Aber Masella war bereits 79 und wirkte verbraucht.

Viele der Fortschrittlichen, und auch manche besonders schlaue Journalisten, setzten auf den Armenier Gregor Peter

Agagiania (63), eine interessante Figur mit Vollbart und intellektuellem Habitus. Aus dem Kaukasus stammend, aber schon als 11-Jähriger zur Ausbildung nach Rom gekommen, verströmte er als ehemaliger Patriarch von Kilikien ein Flair von Weltkirche; gleichzeitig konnte er nun als Chef der *Propaganda Fide* als echter Römer gelten. Im Lager der »Modernen« gab man jedoch auch dem charismatischen Erzbischof Lercaro aus Bologna gute Chancen, und bei den Konservativen sprach man von Ruffini (Palermo) und Ottaviani (Kurie). Sogar von Montini war ernsthaft die Rede, aber es hätte einen Bruch mit aller Tradition bedeutet, einen Nichtkardinal zu wählen.

Natürlich kann man über den Verlauf des drei Tage dauernden Konklaves nur spekulieren, und die von manchen Autoren gelieferten detaillierten Stimmenlisten für jeden einzelnen Wahlgang sind mit Vorsicht zu genießen. Zumal in der Öffentlichkeit anfangs großes Rätselraten herrschte; es gab keinen eindeutigen Kronprinzen wie nach Johannes' Tod, als alle Welt von Montini redete. Die Zeitungen boten in ihrer Verzweiflung bis zu 37 *papabili* mit Foto und Lebenslauf an. Dennoch sprechen viele Indizien dafür, dass sich nach den ersten »Testwahlen« schnell zwei Blöcke bildeten: Das konservative Lager stimmte zunächst für Masella und dann für Siri, den Benjamin unter den Kardinälen; der fortschrittliche Flügel favorisierte den Armenier. Beide Lager blockierten einander, bis – so kann man vermuten – die Franzosen die Pattsituation auflösten und mit Roncalli einen Mann der Mitte präsentierten, der für die meisten akzeptabel war. Oder ist das entscheidende Rennen, wie andere Insider – unter Verweis auf dunkle Andeutungen des Papstes selbst – behaupten, zwischen Agagianian und Roncalli gelaufen?

Der lombardische Bauernsohn in seiner Mischung aus Bescheidenheit und souveränem Realismus wird nicht gemeint haben, dass er Papst werden *musste* – aber es war ihm klar, dass er es werden *konnte.* »Viel Flügelschlagen um mein armes Selbst«, notierte er in den zwei Wochen zwischen dem Tod von Papst Pius und dem Konklave in sein Tagebuch. Es habe merkwürdige Begegnungen gegeben, die aber seine innere Ruhe nicht gestört hätten.

Erinnerung an einen Seeräuber-Papst

Gewählt worden ist er im elften oder zwölften Wahlgang, am dritten Tag des Konklaves, angeblich mit 38 von 51 Stimmen. Seine eigene Stimme – das hat er später selbst verraten – gab er in einer noblen Geste Kardinal Valeri, seinem Vorgänger in der Pariser Nuntiatur, den man damals seiner Meinung nach nicht sehr fair behandelt hatte.

Die Wahl eines neuen Papstes in der *Cappella Sistina,* im Angesicht von Michelangelos »Jüngstem Gericht« mit Engeln und Verdammten und einem jugendlichen Christus, steckt voller symbolträchtiger Gesten: Am Ende werden die Baldachine über den Plätzen aller Kardinäle eingezogen, nur einer bleibt stehen, der über dem Sitz des Gewählten. Der Dekan des Kardinalskollegiums, der alte weißbärtige Eugéne Tisserant aus Frankreich, der als Orientalist ein hervorragender Gelehrter gewesen war, aber auch Oberst und immer noch so auftrat, marschierte langsam auf Roncalli zu und fragte ihn, ob er die Wahl annehme und wie er genannt werden wolle.

Roncallis Antwort, so liebenswürdig sie formuliert war, enthielt die erste jener kleinen rebellischen Aufwallungen, für die er berühmt werden sollte: »*Vocabor Joannes,* ich will Johannes heißen.« Kein Pius XIII., kein neuer Benedikt, kein Leo. Es sei der Name seines Vaters gewesen, der Name seiner bescheidenen Taufkirche und der römischen Lateranbasilika, begann er ganz harmlos und fuhr dann mit der Begründung fort: »Es ist der Name, der in der langen Reihe der römischen Bischöfe am häufigsten vorkommt (...), wobei wir die Frage der Rechtmäßigkeit außer acht lassen.«

Das ist der springende Punkt. Denn mit seiner Namenswahl beseitigte der historisch exzellent gebildete Angelo Roncalli handstreichartig ein Ärgernis in der Liste der Petrusnachfolger. Es hatte bereits einen Johannes XXIII. gegeben, einen neapolitanischen Adelsspross namens Baldassare Cossa, der als Seeräuber und Söldnerführer Karriere machte, den Kirchenstaat mannhaft gegen den eroberungslustigen König von Neapel verteidigte und 1410 auf massiven Druck des Königs von Frankreich zum Papst gewählt wurde (nachdem er seinen Vorgänger umgebracht hatte, wie behauptet wird). Zu seinem Pech ließ er sich überreden, ein Reformkonzil nach Konstanz einzuberufen, denn die Konzilsväter fanden Johannes' Lebenswandel so anstößig, dass sie ihn 1415 absetzten. Er saß lange im Gefängnis, bekam 1419 zum Trost einen Kardinalshut, starb aber wenige Monate danach. (Dem böhmischen Kirchenrebellen Jan Hus, den man ebenfalls nach Konstanz geladen hatte, erging es noch schlechter: Er wurde vom Konzil verurteilt und verbrannt.)

Die Kirchenhistoriker sind sich bis heute nicht einig, ob sie den Seeräuber als Gegenpapst – denn damals gab es noch zwei weitere Päpste, Gregor XII. und Benedikt XIII. – verbuchen oder unter die rechtmäßig gewählten Amtsinhaber einreihen sollen. Sein von Donatello gemeißeltes Grabmal im Baptisterium von Florenz trägt die vieldeutige Inschrift »Johannes, einstmals Papst«. Wenn das so ist, müsste der Roncalli-Papst korrekterweise *Johannes XXIII. der Jüngere* heißen, wie es manche Experten tatsächlich gefordert haben. Roncalli besaß jedenfalls genug Mut, einen Schandfleck in der Kirchengeschichte zu tilgen und den guten biblischen Namen Johannes wieder zu Ehren zu bringen.

Der Neugewählte schloss seine Ansprache mit der beruhigenden Versicherung, fast alle Päpste mit dem Namen Johannes hätten eine kurze Regierungszeit gehabt, und mit dem Hinweis, der Apostel Johannes verkörpere im Evangelium die Haltung der barmherzigen Liebe: »Meine Kinder, liebt einander! Liebt einander, denn das ist das höchste Gebot des Herrn!«

So bewegt Roncallis Amtsbrüder von diesem zärtlichen Appell waren, so sehr staunten sie über die Selbstsicherheit ihres neuen Chefs, dessen Stimme kein einziges Mal zitterte, als er diese Erklärung flüssig von einem vorbereiteten Blatt ablas. Souverän auch die nächste Geste: Der Sekretär des Konklaves, Monsignore Alberto di Jorio, kam mit dem weißen *zucchetto,* dem Papstkäppchen, auf ihn zu. Roncalli griff nach der neuen Kopfbedeckung – und setzte dem verdutzten di Jorio sein eigenes rotes Kardinalskäppchen auf, das er jetzt nicht mehr brauchte. Das war eine uralte Tradition und bedeutete, dass der so Ausgezeichnete bei nächster Gelegenheit zum Kardinal erhoben würde (was tatsächlich geschah); aber zum einen hatten die letzten Päpste den Brauch nicht mehr geübt, zum anderen war der Monsignore bei Papst Pius XII. am Ende *persona non grata* gewesen.

36 Stunden nach seiner Wahl, mitten in den hektischen Krönungsvorbereitungen und damit beschäftigt, die endlosen Zimmerfluchten des Vatikans und all die neuen Mitarbeiter kennen zu lernen, nahm er sich Zeit, die bayerische Ordensfrau Pasqualina Lehnert zu empfangen und die Gemeinheiten, die man ihr nach Papst Pius' Tod erwiesen hatte, ein wenig wiedergutzumachen: Schwester Pasqualina hatte seinem Vorgänger, als er noch Nuntius in München war, den Haushalt geführt,

er nahm sie mit nach Rom, und wie es Pfarrhaushälterinnen gern tun, entfaltete sie ein ziemlich herrisches Regiment, wachte eifersüchtig über ihren hohen Schützling und lehrte sogar die vatikanischen Monsignori das Fürchten. Boshaft nannte man sie – mit einer Anrufung der Madonna aus der Lauretanischen Litanei – *virgo potens,* die »mächtige Jungfrau«.

Kaum war Papst Pius tot, rächte sich der Hofstaat: Schwester Pasqualina wurde unverzüglich vor die Tür gesetzt, mit zwei Köfferchen und den beiden geliebten Kanarienvögeln des verstorbenen Pontifex als einzigem Gepäck. In den Zeitungen erschienen böse Artikel über die von Deutschen dominierte Umgebung des Papstes. Johannes sagte dazu kein Wort. Er drückte der alten Nonne die Hand, dankte für ihren mehr als 40-jährigen Dienst im Zentrum der Kirchenmacht, wollte wissen, ob für ihre Zukunft gesorgt sei (sie zog sich in das Schweizer Mutterkloster ihres Ordens zurück).

Es war schon so, Roncalli wusste genau, was er wollte, und vom ersten Tag seiner Amtszeit an verwirklichte er in all seinen Handlungen und Äußerungen, waren sie auch noch so spontan, ein ganz klares Programm: Öffnung der Kirche für die Anfragen der so genannten »Welt«, kooperativer Führungsstil in der Kirchenleitung, Vermenschlichung des Petrusamtes. Das steckte hinter seiner unkomplizierten, menschenfreundlichen Umgangsart, mit der er eine wahre Revolution im Apostolischen Palast einleitete und Stoff für unzählige Anekdoten bot.

Zu seiner Krönungsfeier lud er fast 40 Brüder, Schwestern, Neffen und Nichten aus Sotto il Monte ein, die schrecklich aufgeregt waren und beim Wiedersehen vor Rührung weinten. Seine Schwester Assunta war gerade beim Bäcker gewesen, als der Rundfunk Roncallis Wahl meldete. »Mein Gott, der kleine Angelo!« hatte sie erschrocken gemurmelt. Seinen Neffen Don Battista hatte er allerdings gleich wieder nach

Hause zurückgeschickt, freundlich, aber bestimmt: Es sollte nicht der leiseste Verdacht aufkommen, dass sich die Verwandtschaft des Papstes an dem hohen Amt irgendwie bereichern könnte; so war es zu Pius' Zeiten geschehen, der etliche Neffen mit hohen Titeln ausgezeichnet hatte.

Johannes hielt als erster Papst bei der Krönung eine Predigt, als genüge ihm die fünfstündige Zeremonie noch nicht. Aber vielleicht suchte er einen Gegenakzent zum Triumphalismus der alten Riten, zur Formel, mit der ihm die dreistufige Tiara auf das Haupt gesetzt wurde: »Wisse, dass du der Vater der Fürsten und Könige bist, Papst des ganzen Erdkreises und Stellvertreter Christi auf Erden!« In seiner Ansprache stellte Roncalli klar, dass er alle enttäuschen werde, die im Papst einen Staatsmann, Diplomaten, Gelehrten oder einen »Organisator des Zusammenlebens der Gesellschaft« erblickten. Er wolle einfach ein guter Hirte sein: »Andere menschliche Qualitäten – Bildung, kluge Diplomatie, Organisationstalent – mögen ein Pontifikat verschönern und bereichern, aber sie können es nicht ersetzen, Hirte der ganzen Herde zu sein.«

Die Schultern eines Bauern und das Mysterium Roncalli

An diesem 4. November musste er zum ersten Mal den goldenen Tragsessel besteigen, die *Sedia gestatoria,* die er nicht mochte, obgleich sie zweifellos eine praktische Erfindung war: Wenn er über den Petersplatz oder durch die Peterskirche getragen wurde, konnten ihn alle Leute sehen, auch die Kleingewachsenen, hinter irgendwelchen breiten Schultern Versteckten. Johannes fühlte sich auf dem schwankenden Thron ziemlich unglücklich. »Hier oben ist es windig«, seufzte er hoch über den Köpfen der Menge. Und ganz privat gestand er noch einen weiteren Grund für seine Abneigung gegen den pompösen Tragstuhl: Die Natur habe ihn nun mal zu dick geschaffen, und er fürchte immer, dass man ihn zu Boden fallen lasse.

Roncallis Nachfolger haben die *Sedia gestatoria* abgeschafft – ebenso wie die Fächer aus weißen Straußenfedern, die verschiedenen prächtig kostümierten Garden, die den Papst begleiteten, ebenso wie die dreifache Krone und die ganze Krönungszeremonie. Paul VI. – Giovanni Montini – ließ sich zwar noch krönen, veräußerte die Tiara jedoch bald darauf und finanzierte damit soziale Initiativen. Johannes Paul I. – Albino Luciani – verzichtete ganz auf das Krönungsritual und inszenierte statt dessen eine »Amtseinführung«.

Johannes, ein Liebhaber schöner alter Zeremonien, wagte es noch nicht, die goldene *Sedia* einfach aufzugeben. Er tat etwas, was für ihn typisch war: Er gab ihr einen neuen, viel schlichteren Sinn. Er ließ sich am Krönungstag daran erinnern, wie ihn sein Vater einst auf den Schultern trug, damit er eine Prozession im Bauerndorf Ponte San Pietro sehen konnte. »Wieder einmal werde ich getragen, emporgehoben von meinen Söhnen. Vor mehr als siebzig Jahren wurde ich in Ponte San Pietro auf den Schultern meines Vaters getragen (...) Das Geheimnis aller Dinge ist, sich von Gott tragen zu lassen und so ihn zu den Brüdern zu tragen.«

Es sind solche einfachen Sätze, die das Mysterium Roncalli entschlüsseln. Wer so schlicht und kraftvoll glaubt wie dieser lombardische Bauer, der braucht sich nicht hinter Zäunen und Vorsichtsmaßnahmen und steifen Riten zu verschanzen; der kann persönliche Initiative entwickeln und sieht nicht gleich die Welt untergehen, wenn er sich damit nicht durchsetzt; der vertraut den eigenen Ideen und vermag dennoch Macht zu delegieren.

Pius XII., pflichtbewusst und akribisch genau, hatte sich alle einigermaßen wichtigen Entscheidungen selbst vorbehalten, er wünschte sich *non collaboratori, ma esecutori,* »keine Mitarbeiter, sondern ausführende Organe«, er tippte seine Ansprachen eigenhändig ins Reine und hatte einen Horror vor spontanen Entwicklungen, die ihm entglitten – nicht weil er der geborene Tyrann war, sondern aus Respekt vor dem Amt, das ihn fast erdrückte. Johannes stand ihm an Selbstbewusstsein durchaus nicht nach. Dass ihn die Kardinäle zum Papst gemacht hatten, verkörperte den Willen Gottes, ganz klar – aber er verstand das Petrusamt, vom biblischen Befund her völlig korrekt, eher dialogisch: Petrus als einer, der seine Brüder stärkt, ermutigt, motiviert.

Johannes führte die von Pius XII. kaum mehr wahrgenommenen regelmäßigen Konferenzen mit den Leitern der verschiedenen Kurienbehörden wieder ein; kaum war er gewählt, entwarf er den entsprechenden Terminplan für die erste Woche seiner Amtszeit. Man könne ihn selbstverständlich jederzeit anrufen, schärfte er den entgeisterten Mitarbeitern ein. Er besetzte wichtige Stellen in der Kirchenzentrale neu, die unter Pius XII. vakant geblieben waren – auch die des Staatssekretärs, dessen Arbeit Papst Pius seit 1944 selbst erledigt hatte. Er ernannte wenige Wochen nach seiner Wahl 23 neue Kardinäle und stockte das Gremium im Lauf seiner Regierungszeit mehrfach auf, wobei er die seit Jahrhunderten übliche Begrenzung auf 70 Purpurträger souverän überschritt.

Ausgerechnet der spontane Plauderer Johannes habe den Vatikan wieder funktionstüchtig gemacht, der unter dem stets korrekten, aber autokratischen Pius ins Chaos versunken sei, staunte der britische Botschafter beim Heiligen Stuhl, Sir Marcus Cheke. Bald hatte es sich unter den Vatikanbeamten herumgesprochen, dass sich der Papst zwar jederzeit gern mit seinem Stab traf, Denkschriften und Projektbeschreibungen von mehr als zwei Seiten Umfang aber unbarmherzig zurückzuweisen pflegte.

Johannes XXIII. fand überhaupt nichts dabei, Leute in wichtige Positionen zu befördern, die nicht auf seiner Linie lagen. Er schätzte den Widerspruch und fällte ungern Entscheidungen, ohne verschiedene Standpunkte zu hören. Vielleicht machte es ihm auch einfach Spaß, sich an Gegnern zu reiben. Vielleicht war er tatsächlich so fair oder so weise, die eigene Meinung nicht zum Kirchengesetz zu erheben und anderen Einschätzungen, Erfahrungen, Zielvorstellungen eine Chance zu geben. *Ex cathedra,* unfehlbar, wollte er ohnehin nicht sprechen, »niemals«.

Sein größter Überraschungscoup war die Bestellung von Domenico Tardini zum Staatssekretär gleich am Tag nach der Papstwahl. Eine Dreiviertelstunde lang soll sich der talentierte, aber für sein schroffes Wesen berüchtigte Kurienbeamte gesträubt haben. Sogar ein ärztliches Attest hatte er mitgebracht. Tardini: »Ich sagte dem Heiligen Vater, dass ich nicht unter ihm dienen wollte, weil neue Methoden neue Leute brauchen, und ich erinnerte ihn, dass ich in der Vergangenheit oft nicht mit ihm übereinstimmte.« Was eine freundliche Untertreibung war; Tardini hatte nicht gerade viel von Roncallis diplomatischer Begabung gehalten und ihn das auch deutlich spüren lassen. Angeblich verbrachte man im Staatssekretariat eine hektische Nacht damit, Tardinis boshafte Randbemerkungen auf den Berichten des einstigen Pariser Nuntius zu tilgen.

Der Papst hörte allen Einwänden freundlich nickend zu – und beharrte darauf, er wolle unbedingt Tardini: »Wir sind beide Priester, Sie und ich, und müssen Gottes Willen gehorchen.« Tardinis Berufung war ein geschickter Schachzug; der im Machtspiel der Kurie unerfahrene Roncalli verpflichtete sich damit einen ihrer wichtigsten Männer, und er signalisierte der misstrauischen Kurie Respekt und Verständigungsbereitschaft. Die beiden sollen gut und fruchtbar zusammengearbeitet haben. Tardini starb 1961, zwei Jahre vor seinem Vorgesetzten.

»Keine Sorge, ich tue nichts Unschickliches!«

Der Roncalli-Papst wirkte in seiner neuen vatikanischen Umgebung manchmal wie ein Landpfarrer, der sich verlaufen hat. Irgendein Besucher ging in den Zimmerfluchten des Apostolischen Palastes verloren und fand sich in heller Verzweiflung in einem Saal voller Spiegelwände wieder, wo er in jeder Ecke nur sein eigenes Konterfei sah, aber keine rettende Tür. Da öffnete sich unter unheimlichem Knarzen eine der gigantischen Spiegelwände, herein schlüpfte Papst Johannes, legte einen Finger auf den Mund und wisperte beruhigend: »Pst, ich habe mich auch verirrt!«

Unbekümmert und ohne Begleitung spazierte er durch den Kirchenstaat. Mit Vorliebe unterhielt er sich zwanglos mit Arbeitern und Gärtnern. Vielleicht stimmt sie ja, die verrückte Geschichte von den Möbelpackern, die den Umzug des Papstes von Venedig nach Rom bewerkstelligten und Kisten durch den Apostolischen Palast schleppten, als Johannes in einem der Räume auftauchte und in seiner großväterlichen Art sagte: »Ich störe doch nicht, meine Kinder?« Ein Arbeiter, der gebückt hinter einem riesigen Umzugskarton stand, glaubte seinen Kollegen zu hören und knurrte: »Hör mit dem Blödsinn auf und hilf mir lieber!« Johannes langte folgsam zu, da schaute der Möbelpacker auf, wurde feuerrot und stotterte:

»Heiligkeit, Heiligkeit!« Johannes redete ihm gut zu, er solle sich nichts denken, schließlich gehörten sie beide der Partei der starken, etwas kompakt gebauten Männer an. Angeblich lud er den Trupp dann auch noch zum Essen ein.

Er sagte aber auch frei heraus, wenn ihm etwas nicht passte. Einmal reparierten Installateure in der Nähe der päpstlichen Privaträume irgendwelche Leitungen, und einer von ihnen fluchte gottserbärmlich. Der Papst, so wird kolportiert, öffnete leise die Tür seines Arbeitszimmers und merkte höflich an: »Muss das sein? Kannst du nicht *merde*, verdammt!, sagen wie unsereiner auch?«

Der Roncalli-Papst schaffte die vorgeschriebenen drei Kniebeugen in den Privataudienzen ab (»Meinen Sie denn, ich glaube Ihnen beim ersten Mal nicht?«) und verbot dem erschrockenen Chefredakteur des *Osservatore Romano,* die bis dahin gebräuchlichen Ehrentitel zu verwenden. »Der erleuchtete Heilige Vater«, »der Erwählte mit seinen hehren Lippen« – so wollte der nüchterne Angelo Roncalli nicht heißen. Die Ansprachen von Pius XII. waren im *Osservatore* allen Ernstes mit der immer wiederkehrenden Formel eingeleitet worden: »Wir geben den Text der Worte der Heiligkeit Unseres Herrn wieder, *cosi come l´abbiamo potuto raccogliere dalle auguste labbra,* wie wir ihn von den erhabenen Lippen pflücken konnten.«

Dass er sich Gäste zum Mittagsmahl einlud, erregte bei seinen steifen Kammerherren Anstoß. Doch Johannes entgegnete ungerührt, er habe in der Heiligen Schrift keine Stelle finden können, die dem Papst vorschreibe, seine Mahlzeiten mutterseelenallein einzunehmen. Auch Christus habe gern mit anderen zusammen gegessen. Natürlich erfuhr der Papst von seinen Tischgenossen manche Neuigkeiten, die ihm seine unmittelbare Umgebung gern vorenthalten hätte.

Unangemeldet steckte er den Kopf in die Schreinerwerkstatt des Vatikans, ließ Wein für die Handwerker kommen und freute sich, als sie auf die Gesundheit ihres neuen Chefs tranken. Als er die frisch vereidigten Rekruten der Schweizergarde zu sich einlud, soll er persönlich bei einem römischen Delikatessengeschäft angerufen und ausgesuchte Herrlichkeiten bestellt haben. Aber bei freundlichen Gesten ließ er es nicht bewenden. Johannes fragte seine Angestellten nach ihren Gehältern und Familien und fand die vom Vatikan gezahlten Löhne grausam niedrig. Die Gehälter wurden heraufgesetzt, und zwar so, dass die am wenigsten Verdienenden und die Kinderreichen den größten Zuschlag bekamen. Für jedes Kind gab es ab sofort 12 500 Lire im Monat extra – und Studienbeihilfen für den begabten Nachwuchs.

Manche Prälaten mit Doktortiteln sollen sauer reagiert haben, weil ein vatikanischer Pförtner mit einem Haufen Kinder plötzlich mehr verdiente als sie, aber für diese Art von Kritik war Papst Johannes bekanntlich taub. Es gab auch Mitarbeiter, die ihn warnten, die Mehrausgaben könne man nur durch Einsparungen bei der caritativen Tätigkeit finanzieren. »Dann müssen wir die Mildtätigkeit eben einschränken«, erwiderte Roncalli trocken. »Denn Gerechtigkeit geht vor Mildtätigkeit.«

Zu den Gärtnern hatte er ein besonders herzliches Verhältnis. Er liebte es, im Grünen herumzuspazieren, hielt dabei aber keine festen Termine ein wie sein Vorgänger. Wenn Papst Pius in den Vatikanischen Gärten lustwandelte, täglich zur selben Stunde, war die Kuppel von Sankt Peter für die Touristen gesperrt worden, man wollte den Heiligen Vater keinen neugierigen Blicken – womöglich per Fernglas – aussetzen. Johannes hielt solche Schutzmaßnahmen für völlig überflüssig. »Ich verspreche Ihnen, dass ich nichts Unschickliches anstellen werde«, beruhigte er die Verantwortlichen. – »Alles Firlefanz und Kinkerlitzchen«, seufzte er über die geschraubten Danktelegramme, die von der Apostolischen Kanzlei als Antwort auf die Glückwünsche zu seiner Wahl entworfen worden waren. »Streicht doch diese überflüssigen Schnörkel weg. Seid einfacher, seid herzlicher!«

»Versucht es wenigstens«, fügte er resigniert hinzu.

»Vereinfache das Komplizierte und kompliziere nicht das Einfache«, war seine Devise. In seinem Tagebuch ermahnte er sich immer wieder: »Angelo, nimm dich nicht zu wichtig!«

Mit den roten Samtpantoffeln, die bei seinen Vorgängern üblich gewesen waren, wusste *Giovanni Ventitresimo* wenig anzufangen. Eine seiner ersten Amtshandlungen war der Auftrag an einen Schuhmacher, ihm ein Paar stabiler Straßenschuhe zu fertigen – die dann eben rot gefärbt wurden, um der ehrwürdigen Tradition Genüge zu tun. Und er war der erste Pontifex seit genau 99 Jahren, der einen Eisenbahnwaggon bestieg – am Vorabend des Konzils, zur Wallfahrt nach Assisi und Loreto – und damit der selbst gewählten Gefangenschaft der Päpste im Vatikan ein Ende machte.

Roncallis einfache, angeblich niemals vorbereitete Ansprachen an den Straßenecken, wenn er die römischen Pfarreien besuchte, seine von Herzlichkeit erfüllten Visiten in Krankenhäusern und Gefängnissen hatten mehr Wirkung als Grundsatzreden und Enzykliken. Die Welt erlebte ein menschliches, hautnah erfahrbares Petrusamt, ausgefüllt von einer gütigen, frommen Vaterfigur. »Ich bin Josef, euer Bruder«, so nannte er sich selbst mit einem alten biblischen Bild, und als *parocco del mondo,* als Pfarrer der Welt, ging er in die Kirchengeschichte ein.

Noch in der Fastenzeit 1963, wenige Monate vor seinem Tod, fuhr der 81-Jährige jeden Sonntag in eine andere Arbeiterpfarrei im Umkreis von Rom, ließ auf dem Rückweg wie gewohnt da und dort anhalten und improvisierte für die auf Balkonen und Gehsteigen versammelten Menschen eine ebenso fromme wie witzige Kurzpredigt Ex-Ministerpräsident Giulio Andreotti erinnert sich an so eine Stegreifansprache auf dem Platz vor der Don-Bosco-Kirche im Stadtviertel *Tuscolano:* Der Papst hatte bereits in der Kirche gepredigt; als er aber nach dem Gottesdienst den Platz voller Leute fand, ließ er sich noch einmal ein Mikrofon reichen.

Andreotti: »Er wandte sich zuerst an die Kinder und dankte den Eltern, dass sie ihre Kinder in so großer Zahl mitgebracht hätten, um den Papst zu begrüßen. Dann mahnte er die jungen Leute, zu ihren Nächsten gut zu sein. Er meine damit die alten Leute, erklärte er, denn um zu den Mädchen gut zu sein, bedürfe es keiner Ermahnungen.«

Wenn er jemand in Rom besuchen wollte, ließ er seinen Chauffeur heimlich den Wagen holen, damit die Vatikanbeamten keine Polizeieskorte anfordern und Straßensperren veranlassen konnten. Der Pförtner eines Priester-Altenheimes auf dem *Monte Mario* staunte nicht schlecht, als plötzlich der Papst an der Tür klingelte.

Am ersten Weihnachtsfest seiner Amtszeit erschien er nach der Christmette unangemeldet im römischen Kinderkrankenhaus *Bambino Gesú*, von den kleinen Patienten begeistert empfangen: »Hallo, Papst, komm her!« riefen sie. Ein Knirps wollte wissen: »Du, Papst, wie heißt du eigentlich?« Der Heilige Vater antwortete folgsam: »Als Kind wurde ich Angelo gerufen, beim Militär kommandierte man mich Giuseppe, und jetzt bin ich Johannes.«

Lange blieb er am Bett eines Jungen sitzen, der das Augenlicht verloren hatte. »Wir sind alle manchmal blind, mein Junge«, sagte er zu ihm.

»Vielleicht wird dir geschenkt, dass du mehr sehen kannst als die anderen.«

Tags darauf besuchte er die 1200 Häftlinge des römischen Gefängnisses *Regina Coeli.* Der Heilige Vater lüftete das Käppchen und begrüßte sie mit den Worten: »Ihr konntet nicht zu mir kommen, also bin ich bei euch.« Er hatte keine Belehrungen mitgebracht, sondern Erinnerungen an seine Kindheit – mit einer Steinschleuder habe er herumgeschossen – und an seine Familie: Ach Gott, ein Verwandter sei auch einmal eingesperrt gewesen, wegen Wilderei. Johannes: »Wie hat sich dieser Eindruck eingegraben, als damals die Carabinieri kamen!«

»Jetzt bin ich hierher gekommen, ins Gefängnis«, fuhr er fort. »Ihr habt mich gesehen, wir haben uns in die Augen geschaut, und unsere Herzen sind einander nahe gekommen. Ihr dürft sicher sein: Unsere Begegnung wird auch in mir nachwirken! In Eurem nächsten Brief nach Hause soll stehen, dass der Papst bei Euch war und dass er bei der nächsten Messe besonders an Euch, Eure Frauen, Eure Schwestern, Eure Familien denken wird.«

Auch die Zellen der Mörder und Sexualtäter, die zum Besuch des Papstes verschlossen geblieben waren, musste man ihm öffnen: »Was soll denn das? Alle sind sie Kinder Gottes.« Einer von ihnen, der ein Menschenleben auf dem Gewissen hatte, sah ihn aus verweinten Augen an und stammelte, für ihn gebe es wohl keine Hoffnung mehr. Statt einer Antwort bückte sich Johannes zu dem vor ihm knienden Häftling herunter und umarmte ihn fest.

Seit diesem Weihnachtsfest sprachen die Römer nur noch vom *Papa Roncalli.* Und von *Giovanni il buono,* dem guten Johannes.

»Wie konnte ein wirklicher Christ Papst werden?«

Disziplin, Schlichtheit, kritische Selbstprüfung bestimmten seinen Arbeitsalltag auch im Apostolischen Palast. Um vier Uhr morgens, manchmal noch früher, stand er auf. »Es betet sich so gut beim ersten Licht, wenn alles still ist«, sagte er einmal glücklich. In Venedig hatte er sich auf dem Dach seines Amtssitzes eine Terrasse bauen lassen, wo er bei Sonnenaufgang gern die *Laudes* betete, das Morgengebet der Kirche, vor sich das Meer und die Dächer der alten Stadt.

Zu seinen Gewohnheiten gehörten die ausgiebige Zeitungslektüre beim Frühstück – Milch, Fruchtsaft, manchmal Kaffee, Brötchen, ein Apfel – und ein kleiner Mittagsschlaf im Sessel. Danach wurden die Audienzen fortgesetzt, die um neun Uhr vormittags begonnen hatten und nicht selten in lange Unterhaltungen ausuferten. Abends gab es manchmal eine Fernsehsendung oder einen Spaziergang im Garten. Um 22 Uhr begab er sich zur Ruhe, wenn keine dringenden Arbeiten mehr anstanden.

Seine Erinnerungen und Bilder musste er immer um sich herum haben, die Fotografien von Sotto il Monte, die Portraits der Eltern, die Ikonen aus Istanbul, die Statue des heiligen Markus, des Patrons von Venedig. Und die Tagebücher, akkurat geordnet in einer kleinen Kommode. Johannes war offen, spontan, bereit, sich überraschen zu lassen – und doch ein Gewohnheitstier, wie viele Italiener. Jeden Freitag um 15 Uhr, zur Todesstunde Christi, legte er die Beichte bei seinem geistlichen Berater Monsignore Alfredo Cavagna ab, einem gebildeten, nüchternen, aber tief frommen Mann, zwei Jahre älter als er selbst.

Die jüdische Soziologin und Politologin Hannah Arendt hat in ihrer Essaysammlung *Menschen in finsteren Zeiten* Papst

Johannes ein respektvolles Kapitel gewidmet – neben Karl Jaspers, Rosa Luxemburg, Bert Brecht. Sie erinnert sich an ein römisches Zimmermädchen, das ihr damals, als Angelo Giuseppe Roncalli im Sterben lag, in fassungslosem Staunen gesagt habe: »Gnädige Frau, dieser Papst war ein wirklicher Christ. Wie ist das möglich? Und wie konnte ein wirklicher Christ auf den Heiligen Stuhl zu sitzen kommen? Musste er denn nicht zuerst zum Bischof und Erzbischof und Kardinal ernannt werden, bevor er schließlich zum Papst gewählt wurde? Hatte denn keiner eine Ahnung, wer er war?«

Vielleicht wussten sie wirklich wenig über ihn – bis das *Giornale dell'Anima* erschien, sein »Tagebuch der Seele«. Aber auch hier sind die Auskünfte über die Tiefen seines Innern verhältnismäßig diskret gehalten, und die meisten Aufzeichnungen stammen aus der Zeit im Seminar und in Istanbul. Der junge Angelo Roncalli offenbart eine ziemlich ängstliche, ganz konventionelle Frömmigkeit, voller Skrupel und Schutzmechanismen: Um »die »heilige Reinheit« zu wahren, gelobt der 15-Jährige, mit größter Vorsicht durch die Stadt zu spazieren, seine Augen »notfalls zu Boden gesenkt zu halten«, Schaufenster mit »schamlosem« Inhalt links liegen zu lassen, »Menschenansammlungen bei Festen und dgl.« zu meiden und auch in Kirchen keine Bilder und Statuen zu betrachten, »bei denen das Gesetz des Anstands auch nur im geringsten missachtet ist«.

»Rein wie ein Engel« will er sein. Die entsprechenden Vorsichtsmaßnahmen erinnern an die Strategien, die junge Mädchen in Horrorfilmen gegen nächtliche Vampirbesuche entwickeln: »Abends vor dem Einschlafen will ich den Rosenkranz der heiligen Jungfrau um meinen Hals legen, die Arme auf der Brust kreuzen und versuchen, in der gleichen Haltung am Morgen aufzuwachen.« Er bewundert den heiligen

Carlo Borromeo, der zweimal am Tag gebeichtet habe, und verbietet sich jede Sorglosigkeit, weil »der Teufel schlauer ist als ich«.

Immerhin lässt das Tagebuch erkennen, wie sich diese angstbesetzte, schrecklich unfreie Form von Religiosität bereits mit realistischer Selbsteinschätzung paart und mit der Fähigkeit, an konkreten Verhaltensänderungen zu arbeiten, statt sich endlos zu bemitleiden. Er kennt seine eigentlichen Schwächen, er will »den Gescheiten spielen, über alles urteilen und meine Meinung überall durchsetzen«. Er redet gern nutzloses Zeug und muss lernen, den Mund zu halten: »Ich halte mich für einen Seraph, statt dessen bin ich nur ein kleiner Luzifer voller Hochmut (...).« Und die Liebe zu Jesus, die Sehnsucht nach einem Leben in der Nähe Gottes, das Verantwortungsbewusstsein des künftigen Priesters, sie lösen Stück für Stück die anfängliche Furcht und Ichschwäche als Motivation ab.

Angelo ist 21 Jahre alt und von seinem Militärdienst wieder in das römische Seminar zurückgekehrt, da sagt er sich ziemlich radikal von seinem bisher verfolgten Heiligkeitsideal los: Vor irgendwelchen Entscheidungen oder nach Verfehlungen habe er sich immer vorgestellt, wie der heilige Aloisius oder sonst ein himmlisches Vorbild jetzt handeln würde – und damit den eigenen Misserfolg vorprogrammiert. Angelo: »Es ist ein falsches System. Von der Tugend der Heiligen muss ich das Wesentliche und nicht das Zufällige übernehmen. Ich bin nicht der hl. Aloisius und muss mich nicht genau so heiligen, wie er es getan hat, sondern wie es mein anderes Wesen, mein Charakter, meine verschiedenen Lebensbedingungen verlangen. Ich muss nicht die kümmerliche und dürre Reproduktion eines wenn auch noch so vollendeten Typs sein. Gott will, dass wir dem Beispiel der Heiligen solcherart folgen, dass wir das Lebensmark ihrer Tugend uns zu eigen machen, es in unserem Blut umwandeln und unseren besonderen Anlagen und Umständen anpassen.«

Der Newman-Forscher Franz Michel Willam hat kurz nach dem Tod des Papstes dessen schriftlichen Nachlass durchforstet, um herauszufinden, wie sich seine für das Konzil so wichtige Leitidee des *aggiornamento* entwickelt hat: die Fruchtbarmachung der alten Wahrheiten für eine neue Zeit, die Unterscheidung von unveränderlicher Substanz und zeitbedingter Aussageweise. Willam entdeckte das entscheidende Indiz in der eben zitierten Tagebuchpassage. Für Roncalli bedeute diese Einsicht einen Riesensprung im Glaubensleben, weg von der Imitation, von der Kopie irgendwelcher Vorbilder hin zur schöpferischen Nachfolge.

Fromme Bauern, wie es die Roncallis gewesen sind, pflegen mit einem gewissen Selbstbewusstsein vor Gott hinzutreten: Hier stehe ich, dein Geschöpf, aber auch dein Partner. Selbstquälerischer religiöser Masochismus ist ihnen fremd. Diese gesunde Frömmigkeitstradition musste sich beim jungen Roncalli aber gegen ganz andere Tendenzen behaupten, wie sie die katholische Seminarerziehung um die Wende zum 20. Jahrhundert prägten. »*Dio è tutto: io sono nulla*«, schrieb er zwei Jahre vor der Priesterweihe in sein Tagebuch. »*E per oggi basta.* – Gott ist alles: ich bin nichts. Das genügt für heute.«

Es scheint, als sei die Auslöschung der eigenen Persönlichkeit damals sein höchstes Ziel gewesen. Aber war es so unlogisch, der Selbstüberschätzung einen Riegel vorzuschieben? Die Schönheit der Welt habe es schon lange vor seiner Geburt gegeben, Sterne, Berge und Meere, Tiere und Menschen, notierte er als 18-Jähriger im Seminar von Bergamo; »unter dem wachenden Auge der göttlichen Vorsehung nahmen alle Dinge auf Erden ihren ordnungsgemäßen Lauf. Und ich? Ich existierte nicht. Alles erfüllte sich ohne mich, niemand dachte an mich, nicht einmal im Traum, denn ich war nicht vorhanden.«

Was ist es schon wert, das Menschlein namens Angelo Roncalli? Die Welt wird sich auch ohne ihn weiterdrehen. »Was bin ich denn anderes als eine Ameise, ein Sandkörnchen? Warum also mache ich mich groß vor mir selbst? (...) Nichts bin ich und halte mich für einen großen Mann; ich komme aus dem Nichts und bin stolz auf mich wegen jener Gaben, die mir Gott verliehen hat. Ich soll meinem Schöpfer dienen, und statt dessen (...) diene ich meinem Ehrgeiz, meiner Eigenliebe. (...) Herr, höre diesen Blinden, der, während du vorbeikommst, laut zu dir ruft, dich anfleht, ihn zu heilen, der du das Licht meiner Augen bist!«

Die Sehnsucht besiegt die Selbstzweifel, die Liebe vertreibt die Angst. Immer mehr lernt der junge Angelo, sich mit seinen Schwächen und Stärken anzunehmen, ruhig an sich zu arbeiten, sich das Vertrauen nicht mehr rauben zu lassen: »Nur wenige besondere Gebetsübungen halten, aber diese gut. (...) Immer frohen Mut, heiteren Sinn und Freiheit des Geistes in allem bewahren. Wenn ich feststelle, dass ich meinen Vorsätzen treu bin, will ich Gott von Herzen preisen, da er alles bewirkt hat; sollte ich fehlen, so will ich durchaus nicht mutlos werden. (...) Auf eine Verfehlung folgt ein Akt tiefer Demut; dann werde ich frohgemut und immer mit Lachen neu beginnen, als hätte Jesus mich gestreichelt, mir gut zugesprochen und mich mit eigenen Armen wieder aufgerichtet.« Das ist, während der Exerzitien 1902 nach dem Militärdienst aufgeschrieben, schon ganz der von Gottes Güte strahlende Roncalli, wie wir ihn kennen.

»Sünden und Melancholie, hinaus aus meinem Haus«, befiehlt er mit einem Zitat des komödiantisch begabten Filippo Neri, eines seiner Lieblingsheiligen. »Keine Angst also und keine Luftschlösser; wenige, aber richtige und ernsthafte Ideen und noch weniger Wünsche.« Das Bemühen um Gleichmut – »das ist für mich im Grunde der härteste Brocken« – mündet in die Bereitschaft, mit der eigenen unzulänglichen Person, aber auch mit den Mitmenschen barmherzig umzugehen, »mit allen Nachsicht zu haben und niemanden zu verurteilen«.

Was ihm keineswegs immer leicht fiel. Roncalli verfügte über einen scharfen, schlagfertigen Witz, der sich manchmal hart an der Grenze zur Boshaftigkeit bewegte. Sein vielleicht stärkster Gegenspieler an der römischen Kurie war Kardinal Alfredo Ottaviani, der Chef des Heiligen Offiziums. Ein Fels vorkonziliarer Theologie, der sich selbst als Wachhund bezeichnete, unbeugsam, aber menschlich gewinnend, ein Bäckerssohn aus dem römischen Armeleuteviertel *Trastevere,* wo er neben seiner Kurientätigkeit ein Waisenhaus unterhielt. »Alfredo ist ein sehr lieber Freund«, sagte der Papst zu dem allgegenwärtigen Andreotti, »schade nur, dass er halb blind ist und ein Doppelkinn hat, das schwappt wie die Lagune von Venedig bei Scirocco!«

Viel öfter traf dieser Sarkasmus aber ihn selbst: Während des Konzils hatte er für eine große Bischofskonferenz eine französische Ansprache vorbereitet. Weil ihn deren Sprecher auf lateinisch anredete, wollte er höflich sein und ebenfalls lateinisch sprechen. Die improvisierte Übersetzung aus dem Französischen gelang ihm nicht besonders gut. Als er den Audienzsaal verließ, raunte er den Bischöfen zu: »*Oggi abbiamo fatto una brutta figura!* – Heute haben Wir eine schlechte Figur gemacht.«

Die befreiende Kraft der Armut

Angelo Giuseppe Roncalli blieb auch als Bischof, als Diplomat, als Papst ein selbstkritischer Mensch. Jesus erscheine ihm »fast fremd«, weil er seine Gedanken oft woanders habe, notiert er mit 16. Fünf Jahre später malt er sich aus, beim Jüngsten Gericht vor Christus zu stehen, und listet mitleidlos auf, was dann alles ans Licht kommen wird: »das Stolzieren mit Gelehrtenmiene, diese einstudierte, übertriebene Zurückhaltung, die zurechtgezupfte Soutane, die Schuhe nach der letzten Mode, (...) das leise Aufkommen des Neides in flüchtigen Gedanken, die Luftschlösser (...).«

Er neige einfach zu sehr zum Reden, seufzt er als 45-Jähriger in Bulgarien; das sei zwar eine Gabe Gottes, aber er dürfe sie nur benutzen, »wenn man es von mir wünscht, und nicht um meine Neigung zu befriedigen« – und er müsse sich bemühen, »einen Eindruck von Würde und Güte und Liebenswürdigkeit zu hinterlassen«. Noch bei der geistlichen Einkehr, mit der er sich auf die Vollendung des 80. Lebensjahres vorbereitet, äußert sich Papst Johannes tief betrübt über »so viel Erbärmlichkeit, da ich im Einsatz meiner Kräfte in keiner Weise dem Übermaß der empfangenen Gnade entsprochen habe. (...) Vor dem Herrn bin ich ein Sünder, bin ich Staub.« Und immer noch hat er Angst vor der Sexualität: In diesem Bereich »ließ die Gnade Gottes niemals eine Versuchung und einen Fall zu, niemals, niemals«.

Aber die einstige Furcht, verdammt zu werden – 1902 die erschrockene Frage: »Guter Herr, sollte auch ich in die Hölle kommen?« –, war längst einem unbesiegbaren Vertrauen gewichen. Er mache sich auf den Weg zum Himmel, stellt er in seinem Geistlichen Testament schlicht, aber bestimmt fest.

Die Züge neurotischer Selbstpeinigung sind mit zunehmendem Alter deutlich zurückgetreten, haben einer heiteren Gelassenheit Platz gemacht. »*Lasciare tempo al tempo,* man muss der Zeit Zeit lassen«, lautete einer seiner Lieblingssprüche. Wozu die ganze Hektik? Wozu die ständige Imagepflege? In einem Brief aus Paris an die Nichte Giuseppina findet es der Nuntius Roncalli viel besser, sich ruhig »von anderen lautstark überholen zu lassen« und »keine Zeit mit Gerede zu verlieren«, sondern »immer guten Schrittes und immer froh, gleichsam singend, voranzuschreiten, so dass alle uns gern haben und wir niemandem hinderlich sind«.

Wenn die oft erzählte Anekdote nicht stimmen sollte, ist sie doch gut erfunden: Am Abend, als er das Konzil ankündigte, konnte Papst Johannes lange keinen Schlaf finden. Schließlich habe er sich selbst zur Ordnung gerufen: »Angelo, warum schläfst du nicht? Bist du es, oder ist es der Heilige Geist, der die Kirche regiert? Also schlaf!«

Ebenso wie die andere Geschichte von den Sorgen, die ihn beunruhigten und den Entschluss fassen ließen, mit dem Papst darüber zu sprechen. Da kam ihm plötzlich zu Bewusstsein, der Papst, das war er ja selbst! »Nun gut, dann will ich mit unserem Herrgott darüber sprechen.« Und die Last war ihm von der Seele genommen.

Johannes der Gute kam genauso wenig als vollkommener Mensch zur Welt wie irgendein anderer. Er hatte mit den eigenen unerfüllten Sehnsüchten zu kämpfen, mit der Demütigung durch verständnislose Vorgesetzte. Aber er war klug genug, den Kampf als Schule zu betrachten – und die Armut als ein Stück Freiheit. Wer frei von allen menschlichen Sicherheiten geworden ist, frei vom Zwang zum Erfolg, von Leistungsdruck und Geltungsbedürfnis, arm vor Gott und allein auf ihn angewiesen – der kann so glauben wie Papst Johannes.

Einen großen Teil seiner Berufung verdanke er seiner Bergamasker Familie, vertraute der Roncalli-Papst im März 1959 den gerührten Teilnehmerinnen eines Frauenkongresses an, »dem Beispiel, das Unsere guten Eltern, Papa und Mama, Unserem Herzen immer gaben, und der ganzen Atmosphäre von Güte, Schlichtheit und Rechtlichkeit, die Wir von früher Kindheit an einatmeten«. Johannes benutzte noch den majestätischen Wir-Stil, den erst seine Nachfolger Albino Luciani und Karol Woityla 1978 aufgeben sollten. Aber er blieb sich seiner bäuerlichen Wurzeln immer bewusst – bis in die Wortwahl hinein: Das Ende des Lebens werde »ein Innehalten mitten in einer Ackerfurche« sein, sinnierte er nach dem Tod der Mutter.

Was er noch gern tun würde, wenn einmal das Konzil abgeschlossen sei, fragten sie ihn, als er die tödliche Krankheit schon in sich trug. »Einen ganzen Tag lang mit meinen Brüdern noch einmal die Felder bestellen!« antwortete er voller Sehnsucht. Und als ihm Frère Roger Schutz, der Prior von Taizé, ganz offen sagte, »evangelisch gesinnte Menschen« fühlten sich vom vatikanischen Pomp abgestoßen, erwiderte er betrübt: »Unsere Familie ist eine arme Familie. Denken Sie, ich leide nicht hier im Vatikan?« Aber er könne nicht in wenigen Jahren alles ändern.

Armut und Einfachheit – wie ein roter Faden durchziehen sie Tagebücher und Briefe. Als er zum päpstlichen Gesandten in Bulgarien berufen worden ist, schreibt er seinen Eltern aus Sofia: »Seit ich mit etwa zehn Jahren das Elternhaus verließ, habe ich viele Bücher gelesen und viele Dinge gelernt, die Ihr mich nicht hättet lehren können. Aber die paar Dinge, die ich bei Euch gelernt habe, sind am kostbarsten und wichtigsten: Sie geben all dem anderen Halt und Wärme (...).«

Wobei sich die Schlichtheit, die er verkörpert und predigt, himmelweit von der *sancta simplicitas* frommer Einfaltspinsel unterscheidet: Sie hat viel mit Klugheit zu tun, mit Lebenserfahrung, mit weiser Bescheidung auf das Bleibende. Roncalli an seinem 67. Geburtstag in Paris: Der sicherste Weg zur persönlichen Heiligung, aber auch zur erfolgreichen Ausübung seines Dienstes bestehe darin, »alles auf das Wesentliche zu beschränken – Grundsätze, Ziele, Stellung, Geschäfte –, um ein Höchstmaß an Schlichtheit und innerer Ruhe zu erreichen (…), und geradewegs auf das zuzugehen, was Wahrheit, Gerechtigkeit und Barmherzigkeit ist, ja, Barmherzigkeit vor allem. Jede andere Handlungsweise ist nichts als Pose und Verlangen, sich selbst zur Geltung zu bringen, und das verrät sich bald selber und wird hemmend und lächerlich.«

Eine bessere Medizin gegen das Gift des kirchlichen Karrieregeistes und der glatten Anpassung hätte es nicht geben können als diese Bindung an die Wurzeln in einer armen Landarbeiterfamilie. Und wenn Johannes XXIII. von Armut spricht, hat das wenig mit der in frommen Zirkeln beliebten Sozialromantik zu tun. Er lenkt den Blick auf die »Kraft der Armen«, ihren »inneren Reichtum« – doch diese Kraft befähigt sie unter anderem auch, für die Verbesserung ihrer elenden Lebensbedingungen zu kämpfen. In seinen Briefen an die Familie zeigt Roncalli, dass er sehr genau weiß, wie weh die bitteren Winter im lombardischen Bergland tun, welche Katastrophe eine Missernte bedeutet und wie demütigend es ist, fremdes Land bestellen zu müssen.

»Arm, aber als Kind ehrbarer und bescheidener Leute geboren, bin ich besonders froh, arm zu sterben«, bekennt er in seinem noch in Venedig verfassten Geistlichen Testament. Diese Armut habe ihm die Kraft gegeben, »nie etwas zu erbitten, weder Posten noch Geld noch Gunsterweise«. Seine Familie habe er nur »als Armer unter Armen« unterstützen können – und sich ihrer nie zu schämen brauchen, »das ist ihr wahrer Adelstitel«.

Aber es gibt noch ein zweites, umfangreiches Testament, ebenfalls in Venedig geschrieben und vom 79-jährigen Papst beglaubigt, in dem er sehr detaillierte Verfügungen über jene Felder und Weinberge trifft, die ihm in Sotto il Monte immer noch gehören und nun seinem Bruder Giuseppe zufallen sollen, und über das bisschen Geld, »das mir gegebenenfalls bei meinem Tode gehören sollte« und das er an den nächsten Papst, an die bischöfliche Kurie von Bergamo, an das Nationale Zentralkomitee der *Propaganda Fide,* an den Kindergarten von Sotto il Monte verteilt – und an seine Schwester Maria sowie die Nichte Enrica »für ihre etwaigen Bedürfnisse (...), mit der Bitte, die Armen, vor allem die sehr Armen und die verschämten unter ihnen, nicht zu vergessen«.

Die Bronzetür des Kommunisten

Haben sie ihn wirklich gekannt – die Skeptiker, die ihn für unbedarft und naiv hielten, und die vielen anderen, die ihn verehrten wie einen Widerschein des Himmels? Was man für angeborene Güte hielt, für den fröhlichen Optimismus eines schlichten Gemüts – war es nicht in Wirklichkeit Frucht eines harten Bemühens, das Gute zu sehen und nicht das Schlechte, den Menschen und der Welt eine Chance zu geben, weil das Leben sonst keinen Sinn hat?

»Ich traue meinen Augen«, bekräftigt er in einem Brief aus Sofia, »ich lege alles gut aus und freue mich lieber am Guten, als mich unnötig durch den Anblick des Schlechten verwirren zu lassen, und ich schaue schließlich in die Zukunft.« Es klingt so locker und setzt doch eine zermürbende Arbeit am eigenen Ich voraus, das Niederlagen, Kränkungen, Verletzungen sehr schmerzhaft spürte, wie wir gesehen haben.

»Wenn Gott den Schatten erschaffen hat, dann war es, um das Licht hervorzuheben.« Solche Allerweltsweisheiten finden sich zuhauf in Johannes' Korrespondenz. Aber die Binsenwahrheit brachte erstaunliche Konkretionen hervor, wenn es etwa um die kommunistische Gefahr ging: »Ja, wir stehen einem Goliath gegenüber«, gestand er den »Falken« unter den Kirchenführern zu, »doch er ist nicht so stark, er ist nicht überlegen, denn er ist der Inbegriff des Irrtums, der Begierde und der Gewalt.« Deshalb werde sich der Riese irgendwann dem Willen Gottes beugen müssen. Im übrigen sei es falsch, die Kommunisten als Feinde der Kirche zu bezeichnen. Die Kirche kenne keine Feinde ...

Im Frühjahr 1960 traf ein Künstler im Vatikan ein, um eine Büste von Papst Johannes zu machen, ein Landsmann aus Bergamo: Giacomo Manzù. In Italien gab es damals keinen berühmteren Bildhauer, aber in der Umgebung des Papstes wurde wieder einmal gemurrt. Manzù war ein Roter, aus bettelarmer Familie, Lenin-Preisträger, geschieden, zum zweiten Mal mit einer Österreicherin verheiratet, aus Wut über das Paktieren mit den Faschisten aus der Kirche ausgetreten, vom Heiligen Offizium verdammt, weil er auf Reliefs einen nackten, allzu menschlichen Christus dargestellt hatte.

Doch im Verlauf der Arbeit wurden der Papst und der kommunistische Bildhauer Freunde. Manzù entdeckte im obersten Repräsentanten einer Kirche, die er zu hassen meinte, einen exemplarischen Menschen. So intensiv setzte er sich mit ihm auseinander, dass er sieben Portraitbüsten modellierte und drei davon wieder zertrümmerte. Eigentlich glaube er an nichts, nur an den Menschen, sagte Manzù einem deutschen Publizisten, der sich wunderte, warum er ausgerechnet den Papst portraitierte. Warum nicht? Der Papst habe ihn darum ersucht. Doch dann, sehr ernst: Dieser Mensch habe einfach alle geliebt, sogar die Atheisten. »Durch ihn habe ich gelernt, besser zu werden.«

Manzù durfte in der Vorhalle von St. Peter jene sieben Meter hohe Bronzetüre gestalten, durch die man die verstorbenen Kardinäle trägt und die deshalb *porta della morte* heißt, Pforte des Todes. Er bildete den Tod in seiner ganzen zerstörerischen Gewalt ab, in vielen Formen, er zeigte den sterbenden Christus und die Madonna in der Stunde des Hinübergangs – und mitten in diesem Panorama des Todes den lebenden Johannes XXIII., schwer im Gebet hingestreckt, und einen Wanderstab, der Blüten treibt: Bild der pilgernden, sich stets erneuernden Kirche?

Während der Arbeit an der riesigen doppelflügeligen Tür starb Don Giuseppe De Luca, ein humanistisch gebildeter Schriftsteller und bezaubernder Mensch, der den Kontakt zum Papst vermittelt hatte. Manzù war tief traurig, aber wieder hielt ihm Johannes keine Predigt. Nur das eine sagte er: »Tränen können sich in Perlen verwandeln.«

Darauf der Bildhauer resigniert: »Ich sehe nur Tränen.« Der Papst, ganz sanft: »Das andere wird kommen.« – »Wie denn, Heiligkeit?« – »Auch das werden Sie sehen. Vielleicht auf Ihrer Bronzetür.«

Weisheit des Herzens. Einfachheit. Offene Hinwendung zum andern. Sensibles Gespür, das die Pose scheut. Seinen Sekretär Capovilla – einen dünnen Asketen, der für ihn durchs Feuer ging – hat er nach einem Bankett gerügt: »Du musst nicht die Hand über das Glas legen, wenn man dir einschenken will, denn das ist eine Demonstration. Deine Tischgenossen werden meinen, du wolltest besser sein als sie, das bist du nicht. Ich bin es auch nicht. Lass dir einschenken, und lass in Gottes Namen deinen Wein stehen.«

Weisheit, Einfachheit, Sensitivität – und, alles andere überstrahlend, eine bezwingende Güte. Der einstige ZDF-Korrespondent Luitpold A. Dorn hat mit Roncallis Hausdiener Guido Gusso gesprochen, den er von Venedig in den Vatikan mitnahm. Gusso: »Damals, als ich in Venedig bei ihm anfing, war ich zwanzig Jahre alt, und ich wollte natürlich auch ein wenig Vergnügen haben. Ich wohnte bei ihm im Haus, und manchmal kam ich spät heim, ich hatte eine Verlobte, war vielleicht beim Filmfestival oder in der Oper gewesen. Ich musste aber immer um sieben aufstehen, um ihm bei der Messe zu dienen, denn auch das gehörte zu meinen Aufgaben. Manchmal kam es dann vor, dass er morgens an meine Tür klopfte, um mich zu wecken. Aber auch in solchen Fällen zeigte er großes Verständnis und meinte: Ach, ihr seid jung und müsst viel schlafen.« – »Hat er nie mit Ihnen geschimpft?« – »Nie!«

Dann wurde Johannes Papst und sein Diener Gusso wollte jedes Mal vor ihm niederknien, wie es Brauch war. Sofort nahm er ihn beiseite und sagte: »Hör mal, wir zwei schließen einen Pakt. Wenn du am Morgen zu mir kommst, dann küsst du meinen Ring; wenn du knien willst, dann geh in die Kapelle und knie vor dem Allerheiligsten; am Abend, bevor du gehst, küsst du mir wieder den Ring – aber ich will dich nie mehr vor mir auf den Knien sehen.«

Als er noch Nuntius in Paris war, erfuhr er, dass es einem alten Freund in Bergamo schlecht ging. Roncalli schrieb ihm spontan: »Lieber Monsignore, ich stehe im Geiste in Ihrem Hause mit meinem armen Lämpchen. Mit herzlicher und brüderlicher Anteilnahme an Ihren Ängsten.« Sie seien ja beide nun schon in den Jahren, »wo man anfängt, die Vesper zu beten«, mit dem Wunsch, »noch ein wenig zu verweilen«, aber ergeben in den Willen Gottes. Die Abendsonne sei nicht mehr glühend wie am Mittag, doch sie spende ein klares Licht voller Verheißung.

Auf dem Sterbebett rief er Loris Capovilla zu sich, umarmte ihn fast schüchtern und sagte unter Schmerzen zu dem hemmungslos weinenden Mann: »Sie sind mit meinen Schwächen ausgekommen und ich mit Ihren. Wir werden immer Freunde sein. Ich werde Sie vom Himmel aus beschützen. (...) Wenn dies alles vorbei ist, ruhen Sie sich ein wenig aus und besuchen Sie Ihre Mutter.«

»Er ging in der Gegenwart Gottes«

Aufmerksamkeit, zärtliche Güte – und als Lebensmotto eine Barmherzigkeit, die durchaus kirchenpolitische Auswirkungen hatte: Am Zölibatsgesetz ließ der zutiefst konservative Roncalli-Papst nicht rütteln. Eine ganz andere Sache war der Umgang mit jenen Priestern, die an der Verpflichtung zur Ehelosigkeit gescheitert waren und nun auf der Straße standen, von der Kirche geächtet und ohne berufliche Perspektive, wenn man ihnen die Laisierung verweigerte – denn das Konkordat schloss sie vom Staatsdienst aus; unmöglich, etwa eine Anstellung als Lehrer zu bekommen.

Johannes hatte zu viel Respekt vor seinen Kurienbeamten, um ihre Kompetenzen mit einem Machtwort zu beschneiden. Aber im Einzelfall versuchte er immer wieder, Laisierungen zu erleichtern und Schlupflöcher zu finden. »Bei N.N. handelt es sich um einen unglücklichen Mann, den man nicht hätte weihen dürfen«, kommentierte er eines dieser Laisierungsgesuche, das auf seinem Schreibtisch gelandet war. »Sein Seelenzustand legt eine Befreiung von den priesterlichen Pflichten und finanzielle Unterstützung nahe, die ihm helfen kann, sich zurückzuziehen, ohne einen Skandal zu verursachen. Er verdient Gnade vor Gott und den Menschen.«

Er hatte sich nicht geändert in den fast dreißig Jahren seit jenem 12. Juli 1934, als er seinem Bruder Giovanni aus Bulgarien geschrieben hatte, er bemühe sich stets um ein ausgewogenes Urteil: »Recht und Unrecht in den Dingen lassen sich nicht vollkommen voneinander trennen und in der Mitte durchschneiden. Man tut sein Bestes: Man schweigt, man vergilt, wenn nötig, Böses mit Gutem und sieht zu, dass es weitergeht.«

Es war kein Bischof und kein Theologe, der das Geheimnis dieser Persönlichkeit am klarsten auf den Punkt brachte, sondern ein Journalist der *Daily Mail,* der nach Johannes' Tod schrieb: »Er ging in der Gegenwart Gottes, wie gewöhnlich jemand durch die Straßen seiner Heimatstadt geht.«

Was wie eine beneidenswerte Veranlagung aussehen mag oder wie eine Kombination aus Bauernschläue, diplomatischer Erfahrung und Lebenskunst, erscheint, näher betrachtet, als Frucht einer ebenso emotionalen wie bewusst gepflegten Frömmigkeit. Gott lieben und in seiner Nähe leben wollen. Die Menschen lieben, weil sie Gottes Kinder sind und untereinander Geschwister. Gut sein, weil einen die innere Stimme dazu bewegt. Seine Pflicht tun, weil diese Welt besser werden muss. Gelassen bleiben, weil sie nicht das Letzte und Höchste ist. Nuntius Roncalli 1946 bei einer Predigt in der Kathedrale von Bourges: »Unser irdisches Leben ist nicht alles. Wir leben nicht dahin wie die Tiere. Gott hat unsere Augen und unser Haupt zum Himmel gerichtet. (...) Wir sind Jünger Christi, der seit zweitausend Jahren unter uns weilt. Sein Herz ist durchbohrt, seine Hände sind ausgebreitet, um uns alle zu umfangen.«

Es war eine schlichte, eigentlich ganz konventionelle Frömmigkeit, die völlig selbstverständlich mit Schutzengeln und himmlischen Patronen umging, die traditionellen Gebetsübungen und »Abtötungen« schätzte (in der Fastenzeit habe der Papst seinen Morgenkaffee ohne Zucker genommen, und im Advent habe es abends nie Wurst gegeben, berichtet der Kammerdiener Gusso fasziniert) und von der Sehnsucht nach dem ewigen Glück beseelt war.

Aber diese Religiosität war kraftvoll, geerdet, auf das Wesentliche zentriert, sie verzichtete auf Sentimentalitäten und die Anhängsel, die ängstlichen Gemütern so wichtig sind. 1954 feierte man den hundertsten Jahrestag des Dogmas von der *Immaculata Conceptio,* der Unbefleckten Empfängnis Mariens, wie man damals sagte, der ohne Erbsünde empfangenen Jungfrau und Gottesmutter, wie es heute etwas klarer heißt. Eine theologische Kühnheit, die – recht verstanden und gut erklärt – viel über die Annahme dieser Welt durch den Mensch gewordenen Gott und über die Würde des Menschen aussagt, aber auch zum Zankapfel zwischen den Konfessionen werden musste.

Im Vorfeld des Jubiläums entfalteten marianische Verbände und besonders eifrige Theologen hektische Aktivitäten, um weitere Ehrentitel für die Gottesmutter zu finden und ein neues Fest zu installieren: *Regalitas Mariae,* Maria Königin. Sie wussten Papst Pius XII. an ihrer Seite. Unter den Bischöfen wurden Unterschriften für die Einführung des Festtags gesammelt. Doch der Patriarch von Venedig mochte die Bittschrift nicht unterzeichnen. »Als Jesus starb, sprach er zu Johannes: ›Siehe, deine Mutter‹. Das ist genug für den Glauben und die Liturgie«, stellte er trocken fest. Alles andere möge »erbaulich und bewegend« für manche fromme Seelen sein, sehr viele andere müsse es »irritieren«. Vor allem aber könnte eine solche Neuerung »die Wirksamkeit der apostolischen Aktivitäten, welche die Wiederherstellung der Einheit der hl. katholischen Kirche auf der Welt zum Ziel haben«, beeinträchtigen. Ein halbes Jahr später setzte Pius XII. das Fest trotzdem auf den Heiligenkalender.

Angelo Roncalli, der lange vor allen feministischen Aufbrüchen in der Theologie bereits ein Gottesbild mit mütterlichen Zügen vertrat – 1902: »Er hat mich als kleinen Jungen vom Lande weggeholt und mit der Sorge einer liebenden Mutter mit allem Notwendigen versehen« –, hatte die Übertreibungen einer ausufernden Mariologie nicht nötig. Man könnte auch sagen, sein Glaube war so stabil, dass er auf zusätzliche Absicherungen verzichten konnte.

Hat er denn nie gezweifelt? Geriet sein Vertrauen auf den guten Gott nie ins Wanken?

Vielleicht doch. In all der begeisterten, auf ein harmonisches Bild bedachten Papst-Johannes-Literatur schlägt Roncallis treuer Sekretär Loris Capovilla ein einziges Mal einen schrillen, beunruhigenden Akkord an: Am 13. November 1953 begrub der Patriarch seine geliebte Schwester Ancilla auf dem Dorffriedhof von Sotto il Monte. Bevor der Sarg zugenagelt wurde, hatte er sie zärtlich auf die Stirn geküsst. Die alten Frauen aus den Bauernhäusern murmelten den Rosenkranz.

In der Dunkelheit, ein Herbststurm fegte über die Hügel und kalter Regen fiel vom Himmel, eilten Roncalli und sein Sekretär zum Bahnhof zurück. Capovilla hörte ihn tonlos flüstern:

Guai a noi se fosse tutta un illusione. – Weh uns, falls alles eine Illusion ist.«

5

DIE FRUCHT:
ZWEITES VATIKANISCHES KONZIL

*»Wir sind nicht auf der Erde, um ein Museum zu hüten,
sondern um einen blühenden Garten voller Leben zu pflegen«*

*»Man redet immer noch viel zu sehr von ›an sich‹
statt ›für den Menschen‹«*

»Ein Hauch heiliger Verrücktheit«

Am 20. November 1962 empfing Papst Johannes den japanischen Ministerpräsidenten Hayato Ikeda. Nach der Audienz sagte der Politiker zu Kardinal Doi von Tokio: »Ich habe meinen Vater vor mehr als zwanzig Jahren verloren. Heute bin ich meinem Vater von neuem begegnet.«

Am Beispiel dieses gütigen Seelsorgers im Vatikan wird noch lange jeder gemessen werden, der den Stuhl Petri besteigt, um seine Brüder und Schwestern im Glauben zu stärken und in der Hoffnung.

Manchmal erschien er naiv, unbedacht – wie damals, als er im Gespräch mit ein paar Kardinälen plötzlich mit der Idee herausplatzte: »Weshalb machen wir eigentlich kein Konzil?«

Und dann, als jemand einwandte, so etwas sei unmöglich bis zum Jahr 1963 zu organisieren, wie der Papst vorgeschlagen hatte, antwortete Johannes lakonisch: »Gut, dann machen wir es eben 1962!«

Die Szene ist in verschiedenen Varianten überliefert. Einmal soll es Tardini gewesen sein, der Staatssekretär, der als erster ins Vertrauen gezogen wurde, drei Monate nach der Papstwahl. Johannes: »Plötzlich ging eine Inspiration in Uns auf wie eine Blume (...)« Nach einer anderen Version fiel das Wort »Konzil« zum ersten Mal in einem Gespräch mit Capovilla, bereits zwei Tage nach der Wahl. Sicher ist nur das Datum der öffentlichen Ankündigung des Vorhabens: Sonntag, der 25. Januar 1959, in der Benediktinerabtei *San Paolo fuori le mure*.

In Rom realisierte kaum jemand, dass an diesem eiskalten, stürmischen Wintertag die jährliche Gebetswoche für die Einheit der Christen zu Ende ging, damit beschäftigten sich damals im Zentrum der katholischen Weltkirche nur ein paar unverbesserliche Idealisten. Der Besuch in St. Paul vor den Mauern gehörte zum Antrittsprogramm des neuen Papstes, das ihn in den ersten Monaten in die wichtigsten Basiliken der Stadt geführt hatte. Nach dem Gottesdienst versammelten sich die anwesenden Kardinäle im Wohnzimmer des Abtes bei einer Tasse heißer Fleischbrühe; da begann der ausnahmsweise angespannt und nervös wirkende Papst zu sprechen: von den Veränderungen, die sich in Rom seit seiner Studentenzeit vollzogen hatten, von den Gefährdungen der modernen Welt, vom »Widerspruch gegen die Wahrheit und gegen das Gute«, von der in der Geschichte bewiesenen Fähigkeit der Kirche, sich in solchen konfliktreichen Epochen zu erneuern, die Klarheit des Denkens und die geistige Lebendigkeit aufzufrischen. Und dann, als er eine halbe Stunde geredet hatte, in breit ausladenden Bildern wie gewöhnlich, die Ankündigung:

»Ehrwürdige Brüder und geliebte Söhne! Gewiß ein wenig zitternd vor Bewegung, aber doch mit demütiger Entschlossenheit, sprechen wir vor Euch den Namen und den Plan einer doppelten feierlichen Veranstaltung aus: einer Diözesansyn-ode der Stadt [Rom] und eines Ökumenischen Konzils für die ganze Kirche.«

Die Kardinäle reagierten mit frostigem Schweigen – viel-leicht waren sie auch nur verdattert. Johannes jedenfalls emp-fand tiefe Enttäuschung. »Menschlich gesprochen«, beklagte er sich später ganz offen, »hätten wir eigentlich erwartet, dass (...) sie sich um Uns gedrängt hätten, um ihre Zustimmung und ihre guten Wünsche zu bekunden.«

Nichts davon geschah. Statt freudiger Begeisterung ernte-te er müde Skepsis, ja sogar Spott. Der *Osservatore Romano* meldete die Sensation am nächsten Tag irgendwo auf den Innenseiten. Kardinal Lercaro, der sich mit seinen Ideen sonst so weit vorwagte wie kaum ein anderer italienischer Bischof, äußerte sich entsetzt: Johannes sei viel zu impulsiv, nur seine »Unerfahrenheit« könne ihn zu so einem unbedachten Schritt verleitet haben, der seine Gesundheit ruinieren werde. Sogar Roncallis guter Freund Montini in Mailand schüttelte den Kopf. »Dieser heilige alte Knabe scheint nicht zu wissen, in welches Hornissennest er da sticht«, soll er einem guten Bekannten am Telefon gesagt haben.

Ein Ökumenisches Konzil, das einundzwanzigste in der Geschichte der Christenheit und das erste seit 1869/70, eine Generalversammlung der katholischen Weltkirche mit meh-reren tausend Bischöfen, Ordensoberen, Theologen aus allen Erdteilen, ein gigantisches Diskussionsforum vor dem Hin-tergrund zahlloser ungelöster Probleme, eine Denkfabrik, die überzeugende und mitreißende Antworten auf die Glaubens-krise der Moderne und auf die Überlebensfragen des Globus vom Welthunger bis zum Atomkrieg geben sollte, das alles angedacht, vorangetrieben und organisiert von einem alten Mann, der – respektlos, aber vernünftig betrachtet – jeden Tag sterben konnte: Was war diese Konzilsidee denn anderes als der spontane, vielleicht geniale, aber auch schrecklich unüberlegte und ein Chaos nach sich ziehende Einfall eines sympathischen greisen Träumers, der sich schon früher einmal mit dem Ausspruch entlarvt hatte »Ohne einen Hauch heiliger Verrücktheit kann die Kirche nicht wachsen«?

Die lange Vorgeschichte einer spontanen Idee

Sie irrten sich alle. Sogar Papst Johannes selbst irrte sich, wenn er den Konzilsplan als Impuls eines Augenblicks ausgab, als Eingebung des Heiligen Geistes, als plötzliche Inspiration: *A un tratto*, von einem Moment zum andern, sei seine Seele von einem »wunderbaren« Gedanken erleuchtet worden, so schilderte er venezianischen Pilgern im Mai 1962 jenes geheimnisvolle Gespräch mit dem inzwischen verstorbenen Tardini. »Und da sprang Uns ein Wort auf die Lippen, das feierlich und verpflichtend war. Unsere Stimme sprach es zum ersten Mal aus: ein Konzil!«

Im Tagebuch etliche Monate später, kurz vor Konzilsbeginn, dieselbe Geschichte: Im Januar 1959 habe er gegenüber Tardini die Einberufung eines Konzils und einer Diözesansynode (und die Neufassung des Kirchenrechts) ins Spiel gebracht, »ohne je zuvor daran gedacht zu haben und entgegen allen meinen diesbezüglichen Ahnungen und Vorstellungen. Der erste, der von diesem meinem Vorschlag überrascht wurde, war ich selbst (...)«

Das mag schon sein. Johannes vergisst allerdings zu sagen, dass er bereits kurz nach seiner Wahl zum Papst von der »Notwendigkeit, ein Konzil einzuberufen«, gesprochen hat (wie sein Sekretär Capovilla bezeugt), und dass er ein paar Tage später mit Kardinal Ruffini von Palermo – einem Wortführer der Konservativen – dasselbe Thema erörtert hat. Vielleicht hat er diese Sondierungsgespräche tatsächlich vergessen; es gefiel ihm besser, vom Heiligen Geist überrascht und zu dem verwegenen Plan genötigt worden zu sein. Vielleicht hat er in seiner Bescheidenheit sich selbst nicht genug klargemacht, dass die »Eingebung« – wenn es eine war – ihre Wurzeln in seiner Lebensgeschichte und in seinem stark historisch orientierten Denken hatte.

Die uralte, im Westen im Lauf der Geschichte verschüttete, im Osten aber kraftvoll lebendig gebliebene Tradition der kollegialen Kirchenleitung kannte wohl kein Papst des 20. Jahrhunderts, kein Kardinal jener Jahre besser als der einstige Balkan-Diplomat Roncalli. Die geistliche Energie, die synodale Versammlungen freisetzen können, hatte er außerdem in Bergamo, als Bischofssekretär, und in Venedig erfahren. In Frankreich beobachtete er die fruchtbare Zusammenarbeit der Ortsbischöfe, die damit anderen Regionen der Weltkirche weit voraus waren. Am nachhaltigsten geprägt hat ihn aber – davon sind die Bologneser Roncalli-Forscher wie Giuseppe Alberigo und Alberto Melloni überzeugt – die Beschäftigung mit Carlo Borromeo und seinen Bemühungen, die Impulse und Reformen des Konzils von Trient im Bergamasker Land zu verwirklichen.

Wenn einer, dann war es Roncalli, der den Plan zu realisieren vermochte, von dem seine Vorgänger immer etwas vage geträumt hatten. Denn das Erste Vatikanische Konzil war nie offiziell abgeschlossen, sondern im Oktober 1870 lediglich vertagt worden, weil der Deutsch-Französische Krieg auszubrechen drohte und piemontesische Truppen die Ewige Stadt besetzt hatten. Ein Hauptthema war das Verhältnis von päpstlicher und bischöflicher Autorität gewesen. Das Konzil hatte dem Papst eine solche Machtfülle wie nie zuvor zugesprochen und unter anderem seine Unfehlbarkeit – in einem klar begrenzten Rahmen – definiert. Damit daraus kein erstickender römischer Zentralismus werden konnte, wollten viele Konzilsväter diese päpstliche Leitungsgewalt mit einer Aufwertung der bischöflichen Verantwortung ausbalancieren; dazu kam es nicht mehr, nicht zuletzt deshalb, weil die kritische Minderheit bereits abgereist war.

Einerseits klaffte da also eine Lücke im Kirchengebäude, die endlich geschlossen werden musste. Andererseits schien die 1870 verkündete päpstliche Allgewalt jede weitere Kirchenversammlung überflüssig zu machen. Die Päpste sahen – und nutzten – das Dilemma: Das Vaticanum I habe sein Programm nur zum Teil erfüllen können, gab Pius XI. in seiner ersten Enzyklika 1922 zu bedenken; zur Wiederaufnahme aber »können Wir Uns nicht entschließen«, bis ein klares Zeichen vom Himmel erkennbar sei. Eine Versammlung der Weltkirche in Rom wäre freilich unter Mussolinis Herrschaft auf Probleme gestoßen.

Pius XII., der Nachfolger, liebäugelte eine Zeitlang ebenfalls mit einem Konzil. Die uns schon bekannten Verfechter der harten römischen Linie, Ruffini in Palermo und Ottaviani im Vatikan, entwarfen 1948 in einer Denkschrift ein ziemlich defensives Programm: Das Konzil sollte die zahlreichen Irrtümer in Philosophie, Theologie, Moral und Soziallehre zurückweisen, Position zum Kommunismus beziehen, das Kirchenrecht reformieren und eventuell die Himmelfahrt Mariens zum Dogma machen (was Pius 1950 im Alleingang tat). Ottavianis *Heiliges Offizium* setzte etliche geheime Kommissionen ein, die eine bunt gemischte Themenpalette zusammenstellten – vom Existentialismus bis zu Darwin, von der heiligen Jungfräulichkeit über die Gefahren der Onanie bis zur Psychoanalyse und zur gewerkschaftlichen Organisation der Arbeiter. Als auch noch eine repräsentative Auswahl von Bischöfen aus der Weltkirche konsultiert wurde und eine unübersehbare Fülle neuer Probleme auf die Tagesordnung setzen wollte, hatte Pius XII. genug. Er schnitt die Diskussion ab, verurteilte die von den Vorbereitungskommissionen aufgelisteten »Irrtümer« in der Enzyklika *Humani Generis* – die den französischen Bischöfen und dem Nuntius Roncalli in Paris soviel Kopfzerbrechen bereitete – und behielt es sich fortan ganz allein vor, die Marschrichtung für die Kirche anzugeben.

»Ich habe ein Programm im Kopf«

Johannes XXIII. hatte ganz andere Vorstellungen von einem Konzil – und vermochte es deshalb auch durchzusetzen; denn was das Konzil seiner Ansicht nach tun sollte, konnte eben kein Papst und keine Kurienkommission leisten. Aus der Kirchengeschichte hatte er gelernt, dass so eine Christenversammlung eher etwas mit Erneuerung, Selbstreinigung, Rückkehr zu den Wurzeln zu tun hatte als mit der gebündelten Verdammung zeitgenössischer Ideen. »Wir sind nicht auf der Erde, um ein Museum zu hüten«, hatte er einmal über die Kirche gesagt, »sondern um einen blühenden Garten voller Leben zu pflegen.«

Johannes hielt es für verhältnismäßig unwichtig, die Abstammung der Menschheit von einem einzigen Urelternpaar zu bekräftigen oder den Stellenwert der von einem Nichtkatholiken gespendeten Taufe zu diskutieren, wie es das Heilige Offizium vorgeschlagen hatte. Ihn trieb die Frage um, wie die Kirche ihrer Berufung besser entsprechen könne. »Christus hängt seit zweitausend Jahren mit ausgebreiteten Armen am

Kreuz«, sagte er am Abend, bevor er das Konzil in St. Paul publik machte, zu Capovilla. »Wohin sind wir gekommen bei der Verkündigung der Frohen Botschaft? Wie können wir seine authentische Lehre unseren Zeitgenossen nahe bringen?«

In einer Botschaft an den Klerus von Venedig verglich Johannes im April 1959 das Konzil mit den nach Christi Auferstehung und Himmelfahrt in Jerusalem versammelten Aposteln: Es gelte, die Kräfte der Kirche »in der Suche nach dem, was den heutigen Anforderungen des Apostolats besser entspricht, zu stählen und zu erneuern«. Zwei Monate später ließ der Papst die Studenten des griechischen Kollegs in Rom wissen, mit dem Konzil wolle die Kirche »für ihre göttliche Sendung neue Kraft gewinnen«, jene Kirche, die »auch angesichts der heutigen Erfordernisse mit eifrigem Elan ihr Leben und ihren Zusammenhalt befestigt«.

Zäh und hartnäckig betrieb Roncalli seinen Konzilsplan, ohne viel Rückenstärkung durch seine Mitarbeiter und die Idee mit seinen ureigensten Zielen füllend: Selbstfindung und Erneuerung der Kirche in einer gewandelten Welt, Dialog mit den Herausforderungen der Zeit und Annäherung der getrennten Konfessionen. Johannes, diese Ikone der Demut, zur kritischen Betrachtung der eigenen Person ebenso fähig wie zum Delegieren von Macht, besaß durchaus ein gesundes Selbstbewusstsein. Der Auftrag des Konklaves war klar: Es war Gottes Wille, dass er führen und entscheiden sollte. »Ich fürchte mich nicht vor Opposition, und ich bin bereit, zu leiden«, sagte er seinem Sekretär, als sie über Widerstände gegen das Konzil sprachen. »Ich habe ein Arbeitsprogramm im Kopf und rede nicht mehr um diese Sache herum. Ich bin in der Tat ganz fest entschlossen.«

Die Opposition saß nicht nur im Vatikan, und es wäre zu einfach, die Trennlinie zwischen den sympathischen, weltoffenen Seelsorgerbischöfen vom Typ Roncalli und den ausgetrockneten, misstrauischen Betonköpfen in den Kurienämtern zu ziehen. Auch unter den aufgeschlossenen Geistern gab es viele, die den Konzilsplan für überflüssig oder unausgegoren hielten, wie wir an den Beispielen Lercaro und Montini gesehen haben. Und der Blickwinkel der Kurie war damals wie heute nicht selten erheblich weiter und toleranter als die enge Perspektive mancher Bischofskonferenzen.

Das natürliche Bedürfnis einer Behörde ist es trotzdem, Ruhe zu haben, das eingefahrene Räderwerk ohne Störung am Laufen zu halten. Alternative Ideen von »draußen« oder die unkonventionellen Vorstellungen eines Seiteneinsteigers, wie der ohne Kurienpraxis zum Papst gewählte Roncalli einer war, wurden naturgemäß eher als Bedrohung und nicht als Bereicherung empfunden. Ärgerten ihn die Beamten aber zu sehr mit ihren Einwänden und Beschwichtigungen, dann verschanzte sich Johannes eben hinter seiner bäuerlichen Sturheit und verfügte: »*Il concilio si deve fare malgrado la curia* – das Konzil muss trotz der Kurie gemacht werden!«

Weil er aber nicht nur stur, sondern auch schlau war, nahm er der gegnerischen Fraktion im Vatikan den Wind aus den Segeln, indem er sie in das Projekt einband. Er machte den skeptischen Tardini zum Vorsitzenden der Vorbereitungskommission und die Chefs der römischen Kongregationen zu Leitern jener Arbeitsgruppen, die das riesige Themenfeld erst einmal in übersichtliche Parzellen gliedern und Textentwürfe für die Konzilsberatungen – sogenannte *Schemata* – liefern sollten.

Dabei kam, wie nicht anders zu erwarten, meist ein entsetzlich langweiliger Aufguss der traditionellen Schultheologie heraus, umfängliche Fleißarbeiten ohne mitreißende Kraft und vor allem ohne Gespür für die tatsächlichen Glaubensnöte moderner Menschen. Zentraler Text des Konzils sollte eine »dogmatische Konstitution« werden, deren vier Kapitel überschrieben waren: »Über die Quellen der Offenbarung«, »Über die Bewahrung des Glaubensgutes«, »Über die christliche Sittenordnung«, »Über Keuschheit, Ehe, Familie und Jungfräulichkeit«. Ottaviani schlug vor, das Konzil solle ein feierliches Glaubensbekenntnis ablegen, den von Pius X. erfundenen »Antimodernisteneid« erneut einschärfen und alle jene verurteilen, die »mit übertriebenem Nachdruck« von historischen Sünden der Kirche sprächen.

Doch halt, die vatikanischen Vorbereitungsorgane waren keineswegs so unter sich gewesen, wie es den Anschein hat: Man hatte die Bischöfe, Ordensoberen, katholischen Universitäten in der ganzen Welt angeschrieben und exakt 2150 Stellungnahmen, Textvorschläge, Fragenkataloge zurückbekommen, die in 15 umfangreichen Bänden gesammelt wurden. Unter den mehr als 800 Mitarbeitern der vorbereitenden Gremien fanden sich etliche unabhängige Köpfe, die Roncallis Zielvorstellung eines »neuen Pfingsten« teilten. Und dann errichtete Papst Johannes so nebenbei ein *Sekretariat zur Förderung der Einheit der Christen,* eine ganz neuartige Kurienbehörde, die sich darum kümmern sollte, was andere Konfessionen von der katholischen Kirche dachten und vom Konzil erwarteten. Manchen schien das unerhört. Der deutsche Jesuit Augustin Bea, ein halbes Jahr älter als der Papst, aber geistig überaus frisch und von erfinderischer List im Umgang mit der vatikanischen Bürokratie, übernahm die Leitung des Sekretariats, als Mitarbeiter holte er sich erfahrene Ökumene-Spezialisten aus der ganzen Welt.

Die nach Rom geschickten Statements der Bischofskonferenzen und Theologischen Fakultäten vermitteln allerdings den Eindruck, dass sich viele der Angesprochenen ihrer neuen Möglichkeiten noch gar nicht bewusst waren, so zaghaft formulieren sie ihre Erwartungen. In den Kommissionen zog man den allzu forschen Vorschlägen dann meist gleich wieder die Zähne.

Johannes ließ die kreuzbraven Entwürfe alle stehen, lobte die fleißigen Redakteure; nur einmal griff er seufzend zu einem Lineal und sagte zu einem Vertrauten: »Sehen Sie nur, 30 Zentimeter Verurteilungen!« Mit einer großen Revolution wird er – konservativ, neue Entwicklungen nur anstoßend, wie er war – gar nicht gerechnet haben. Außerdem gehörte es zu seiner Demut, Andersdenkenden Raum zu lassen, Gegner ernst zu nehmen, den eigenen Reformeifer zu bremsen.

Und schließlich, man kann es nicht oft genug sagen, vertraute er auf den Heiligen Geist. Wenn es Gottes Wille war, dann würden sich die in Rom versammelten Bischöfe ihre Freiheit schon nehmen. »Wer organisiert das Konzil eigentlich?« fragte der belgische Kardinal Suenens, ein »liberaler« Vordenker, den Papst etwas besorgt.

»*Nessuno*«, antwortete Johannes. »Niemand.«

Das wussten die Konzilsplaner im Vatikan allerdings noch nicht. Sie hatten die Bischöfe, die sich zur Abreise nach Rom rüsteten, mit 70 Textentwürfen zu allen möglichen Fragen ausgerüstet. Es schien schleierhaft, wie dieses Materialgebirge in ein paar Wochen bewältigt werden sollte. Die Kurie hatte schon vorgewarnt: Die Bischöfe dürften ihre Bistümer keinesfalls zu lange ohne Aufsicht lassen, und die Lebenshaltungskosten in Rom seien viel zu teuer für Abgesandte armer Diözesen. Alles kein Problem, wenn man die vorbereiteten Texte zügig verabschieden und auf unnötige Diskussionen verzichten würde.

Es sollte ganz anders kommen.

»Wir müssen den Unglückspropheten widersprechen«

Bühnenregisseure haben die katholische Kirche immer schon um ihre Fähigkeit zur Inszenierung beneidet. Am 11. Oktober 1962 ziehen 2540 Konzilsväter über den Petersplatz zur Konzilseröffnung, eineinhalb Stunden lang, eine nicht enden wollende Prozession, ein Wald von weißen Mitren über Gesichtern jeder Hautfarbe, verstreut darunter die goldschimmernden Kronen der orientalischen Patriarchen. Zum ersten Mal in der Geschichte versammelt sich tatsächlich die Weltkirche in Rom, Afrikaner, Asiaten, Lateinamerikaner aus den jungen Kirchen der Dritten Welt, nicht bloß die importierten Missionsbischöfe aus dem alten Europa. Mit ihnen ziehen die Probleme der heutigen Welt in die Konzilsaula ein, die Ängste und Sehnsüchte moderner Menschen, die Schwierigkeiten, die sie mit der alten Dame »Kirche« haben, und die leise Hoffnung auf ein Wort, das die Welt verändern könnte ...

Mitten unter den Bischöfen und Äbten aus allen fünf Erdteilen der alte Papst, der statt der Tiara ebenfalls eine Bischofsmitra trägt und nach dem Einzug in den Petersdom von seinem Tragsessel steigt, um zu Fuß zum Altar weiterzugehen: Er will einer von ihnen sein, Bischofsbruder, kein Papstkönig an der Spitze eines Herrschaftsclans. Ein Beispiel will er ihnen geben, damit sich die Kirche wandelt: Gemeinschaft des Gottesvolkes statt Machtpyramide. Pilgerndes Gottesvolk, in der Geschichte unterwegs, lernend und sich entwickelnd, heilig und sündig, noch lange nicht am Ziel, um die Gefahr wissend, sich mit dem Reich Gottes zu verwechseln. Dienst statt Macht. Verpflichtung zum Zeugnis statt Lust am Herrschen.

Der Petersdom ist in eine Art Parlament verwandelt worden, mit ansteigenden, 90 Meter langen Tribünen, Kopfhörern, Mikrofonen, Übersetzungs- und Lautsprecheranlagen,

Auszählungsmaschinen für die Abstimmungen. In der Nähe des Hauptaltars sitzen die Beobachter aus den nichtkatholischen Kirchen – so eine Einladung hat es noch nie gegeben – und die Gesandten von 86 Regierungen und internationalen Organisationen, in den hinteren Rängen und auf den Emporen drängen sich die von den Bischöfen mitgebrachten theologischen Berater und die Journalisten (die später bei den Arbeitssitzungen allerdings nicht dabei sein dürfen und auf dürre Communiqués angewiesen bleiben).

Doch die farbenprächtige Eröffnungsprozession, die auf dem Petersplatz 200 000 Menschen und an den Fernsehgeräten Millionen miterleben, ist nur ein schönes – und zweifellos sprechendes – Bild. Was von diesem Tag bleibt und den Lauf der Kirchengeschichte verändert, ist die Ansprache des Papstes, gründlich vorbereitet, mit klangvoller Stimme lateinisch vorgetragen, die Summe der Lebenserfahrung eines alten Mannes – und gleichzeitig die prophetische Vision eines jungen Rebellen.

»*Gaudet Mater Ecclesia*«, so beginnt diese exakt 37 Minuten währende Rede, und so wird sie heute in allen einschlägigen Studien zitiert wie eine Enzyklika, »heute freut sich Mutter Kirche«, deren Vitalität die bisherigen Konzilien und Regionalsynoden immer wieder bezeugt hätten. »Sie stärkten die spirituellen Energien, indem sie sie zu den wahren und ewigen Gütern emporlenkten.« Johannes vertraut darauf, dass die Kirche auch durch dieses Konzil »an spirituellem Reichtum wachsen und, mit neuer Energie gestärkt, furchtlos in die Zukunft blicken wird«.

Als der Papst weiterspricht, versteinert sich die Miene des im Amt des Glaubenswächters ergrauten Kardinals Ottaviani, der rechts neben ihm sitzt, es versteinern sich noch mehr Gesichter in seiner Nähe, aber auf den Tribünen der Bischöfe aus 133 Nationen und auf den Pressebänken sperren sie die Ohren auf: »In der täglichen Ausübung Unseres Hirtenamtes«, erklärt der Pontifex ebenso feierlich wie offenherzig, »geschieht es nicht selten, dass Stimmen zu Uns dringen und Unser Ohr verletzen, die zwar von religiösem Eifer brennen, aber nicht in gleicher Weise mit Takt und Urteilsvermögen begabt sind. In den gegenwärtigen Bedingungen der menschlichen Gesellschaft vermögen sie nichts als Verrat und Zerstörung zu erkennen, sie sagen, dass unser Zeitalter im Vergleich zur Vergangenheit nur zum Schlechteren abgeglitten sei; und sie benehmen sich so, als hätten sie nichts aus der Geschichte gelernt, die eine Lehrmeisterin des Lebens ist, und als hätten in den Zeiten der früheren Konzilien die christliche Idee und das christliche Leben, die Sitten, die gerechte Freiheit der Kirche immer nur geblüht und triumphiert.«

»Wir aber müssen diesen Unglückspropheten entschieden widersprechen«, erklärt Johannes in die atemlose Stille hinein, »die immer nur Unheil vorhersagen, als stünde das Ende der Welt bevor. In der gegenwärtigen Entwicklung, in der die menschliche Gesellschaft offenbar zu einer neuen Ordnung der Dinge geführt wird, ist eher ein verborgener Plan der göttlichen Vorsehung zu erkennen, der durch die Bemühungen der Menschen, aber über deren Erwartungen hinaus ihr eigenes Ziel verfolgend, noch höhere und ungeahnte Hoffnungen verwirklicht.«

Das Beispiel, das der Papst hier anführt, ist eine Provokation für sich: Die politischen und wirtschaftlichen Auseinandersetzungen der Gegenwart ließen nur wenig Zeit für die Beschäftigung mit spirituellen, religiösen Dingen, was gewiss ein Versäumnis und zu tadeln sei. Andererseits seien unter den Bedingungen des modernen Lebens endlich jene vielen Hindernisse ausgeräumt, mit denen frühere Zeiten das freie Handeln der Kirche eingeschränkt hätten, was etwa die unzulässige Einmischung staatlicher Autoritäten in den Ablauf Ökumenischer Konzilien zeige.

Doch was sei nun zu tun? Die Hauptaufgabe auch dieses Konzils bestehe darin, »das heilige Überlieferungsgut der christlichen Lehre *efficaciore ratione,* auf wirksamere Weise zu bewahren und darzulegen«. Die Kirche dürfe sich nicht von der unveräußerlichen, von den Vätern empfangenen Überlieferung der Wahrheit abwenden; gleichzeitig müsse sie aber die neuen Lebensbedingungen und -formen der Gegenwart ernst nehmen, die »neue Wege für das katholische Apostolat eröffnet« hätten.

Johannes: »Unsere Aufgabe ist es nicht, diesen kostbaren Schatz nur zu hüten, als ob wir uns bloß mit der Vergangenheit beschäftigten, sondern wir wollen uns mit Eifer, furchtlos, der Aufgabe widmen, die unser Zeitalter stellt. Damit setzen wir den Weg fort, den die Kirche im Lauf von zwanzig Jahrhunderten gegangen ist.«

Die Aufgabe des Konzils sei es auch nicht, den einen oder anderen grundlegenden Glaubensartikel zu diskutieren und die Lehrmeinungen der Kirchenväter und Theologen zu wiederholen, das sei bekannt und dazu brauche es kein Konzil. Von einer »erneuerten, ruhigen und gelassenen« Zustimmung zur umfassenden Lehrtradition erwarteten die Christen heute vielmehr ein reicheres und tieferes Glaubensverständnis. Die – sichere und unwandelbare – Lehre müsse so erforscht und erklärt werden, wie es die moderne Zeit verlange: »Denn eines ist die Substanz der Glaubensüberlieferung, etwas anderes die Formulierung, in der sie dargelegt wird.«

Sicher gebe es falsche Lehren und gefährliche Meinungen, und die Kirche habe sie immer verurteilt, beruhigt der Papst die ängstlichen Gemüter in den eigenen Reihen. »Heute dagegen zieht die Braut Christi [die Kirche] es vor, eher die Medizin der Barmherzigkeit anzuwenden als die Waffen der Strenge zu gebrauchen. Sie meint, dass es den heutigen Erfordernissen besser entspricht, die Überzeugungskraft ihrer Lehre darzutun als eine Verurteilung auszusprechen.«

Am Abend dieses historischen Tages bereiten auf dem Petersplatz 500 000 Menschen, Römer, Pilger, Touristen aus aller Welt, dem »guten Papst« eine begeisterte Huldigung. Die katholische Jugend der Ewigen Stadt hat einen Fackelzug organisiert. Die Dämmerung ist bereits hereingebrochen, der Mond tritt hinter einer Wolke hervor und gibt Johannes, der vom Fenster seines Arbeitszimmers im dritten Stock des Apostolischen Palastes auf die Menge herabblickt, Gelegenheit zur schönsten Stegreifrede seines Lebens: Sogar der Mond habe sich beeilt, die Fackelprozession zu sehen! Alle lachen und applaudieren.

Glücklich, gerührt, mit kräftiger Stimme fährt der Papst fort: »*Cari figlioli, cari figlioli, sento le vostri voci!* – Liebe Kinder, liebe Kinder, ich höre eure Stimmen! Meine Stimme ist nur eine, aber sie fasst die Stimmen der ganzen Welt zusammen.«

Er spricht von den Hoffnungen der Völker – tags darauf wird er die versammelten Delegationen der Regierungen auf den allgemeinen »Schrei nach Frieden« hinweisen – und von seinen eigenen Erwartungen an das Konzil. »Meine Person zählt nichts«, wehrt er ab, als ihm der Jubel zu viel wird. »Ich spreche als Bruder zu euch, der durch den Willen Gottes zum Vater geworden ist.«

Am Schluss dieser Ansprache schämen sich grauhaarige Arbeiter aus den römischen Vorstädten und junge Familien ihrer Tränen nicht, als er ihnen sagt: »So, und jetzt gebe ich euch meinen Segen und erlaube mir, euch eine gute Nacht zu

wünschen. Und wenn ihr dann zu Hause seid, gebt euren kleinen Kindern einen Kuss und sagt ihnen, er ist vom Papst. Vielleicht findet ihr Tränen vor, dann trocknet sie und sagt ein
gutes Wort; der Papst ist bei euch!«

Ein Papst unter Zensur

Die Überraschungen sind mit diesem Tag keineswegs been-
det. Als die Eröffnungsrede in den *Actae Apostolicae Sedis*
erscheint, wo die päpstlichen Dokumente hochoffiziell gesammelt werden, stellen aufmerksame Leser erstaunt fest, dass
der Text verändert und geglättet worden ist. Der oben zitierte
Satz von ewiger Substanz und zeitbedingter Einkleidung des
Glaubensgutes zum Beispiel klingt jetzt so: »Denn eine Sache
ist das überlieferte Glaubensgut oder die Wahrheiten, die in
der zu bewahrenden Lehre enthalten sind, und eine andere die
Art und Weise, wie sie verkündet werden, freilich im gleichen
Sinn und derselben Bedeutung.« Die Ergänzung lehnt sich fast
wörtlich an den Antimodernisteneid von Pius X. an. Auch an
anderen Stellen sind Roncallis feine Provokationen in ausgewogene Lehrformeln verwandelt und so um ihre Pointe
gebracht worden.

Papst Johannes merkt das natürlich auch – und in der Folgezeit zitiert er seine Ansprache ganz bewusst immer wieder,
in der unzensierten Originalfassung. Wobei diese lateinische
Rede im Petersdom ja ebenfalls schon eine Bearbeitung dar-
stellte: Gemeinsam mit Monsignore Dell' Acqua vom Staatssekretariat, dem päpstlichen »Hoftheologen« Pater Luigi Ciap-
pi und einem Fachmann für Latein hat Johannes seine
früheren italienischen Entwürfe für die Programmrede in ein
feierliches Kirchenlatein umgegossen.

Wer die im Petersdom gehaltene Rede, die später veröffentlichte lateinische Fassung und die damals an die Journalisten verteilte und im *Osservatore Romano* abgedruckte italienische Fassung der Rede vergleicht, wird etwa das Bild vom »Sprung nach vorwärts« – *un balzo* – vermissen, den die Kirche auf dem Konzil machen müsse, um vor dem Hintergrund der zeitgenössischen Herausforderungen zu einem vertieften Glaubensverständnis zu gelangen.

Alberto Melloni vom *Istituto per le Scienze Religiose* in Bologna hat die erhaltenen handgeschriebenen und maschinenschriftlichen Notizen des Papstes ausgewertet und eine italienische »Urfassung« der Eröffnungsrede rekonstruiert. Das Ergebnis ist eindeutig: Die 1962 publizierte italienische Version gibt Roncallis Absichten erheblich getreuer wieder als die im Petersdom gehaltene lateinische Rede, ganz zu schweigen von der offiziösen lateinischen Fassung. Man versteht jetzt auch, warum sich Johannes – Capovilla berichtet darüber – gewünscht hat: »Ich will, dass der erste italienische Entwurf meiner Rede veröffentlicht wird, nicht weil ich dafür gelobt werden möchte, sondern weil ich die Verantwortung dafür übernehmen will; es soll bekannt werden, dass sie vom ersten bis zum letzten Wort mir gehört.«

Denn kaum hatten sie ihren ersten Schock überwunden, streuten die listigen Gegner des vorwärtspreschenden Papstes das Gerücht aus, der brave Johannes habe sich übertölpeln lassen und einen Text vorgelesen, der in seinen gefährlichen Passagen von Kardinal Suenens oder Pater Bea stamme.

Sie wussten genau, warum sie gegen eine unschuldige Predigt zu Felde zogen wie gegen die Bibel einer neuen Ketzerei. Denn die Grundaussage der Rede – differenzierte bis positive Deutung der zeitgenössischen Wirklichkeit, Dienst an der Welt als Aufgabe der Kirche, seelsorgliche Begleitung statt machtbewusster Verurteilung – bereitete in der Tat eine neue Ära vor. Mit seiner Einladung, die Zeichen der Zeit nicht nur abwehrend zu deuten und in zeitgenössischen Entwicklungen Gott am Werk zu sehen, stellte Johannes »das Recht und die Aufgabe der Prophetie in der Kirche wieder her«, urteilt der Publizist Ludwig Kaufmann SJ.

Einem Mitarbeiter aus Pariser Tagen hatte der Papst anvertraut, er hoffe, das Konzil in drei Monaten abschließen zu können, weil alles so gut vorbereitet sei. Daraus konnte nichts werden, weil die »Väter«, wie sich die versammelten Repräsentanten der Weltkirche etwas nostalgisch nannten, mit den 70 uferlosen, detailverliebten, theologisch oft antiquierten, bisweilen arg weltfremden »Schemata« der Vorbereitungskommissionen herzlich wenig anfangen konnten. Die Texte von vornherein in Bausch und Bogen abzulehnen, wäre aber als unhöflicher Affront gegen die mühsame Arbeit der Kurie und gegen den Papst selbst erschienen, der sie ja alle gelesen und offenbar in Ordnung gefunden hatte.

Also begann man zu diskutieren, abzuändern, hier zu stutzen, dort zu ergänzen. Schon nach wenigen Wochen war klar, dass keines der vorbereiteten »Schemata« in der ursprünglichen Form die Abstimmung würde passieren können. Ein Musterbeispiel war das leidenschaftliche antikommunistische Bekenntnis, das unter der Überschrift *De cura pro Christianis communismo infectis,* »Über die Seelsorge an Christen, die unter dem Kommunismus leiden«, in dem Schema »Seelsorge für besondere Gruppen« versteckt war. Der Ostberliner Kardinal Alfred Bengsch bat seine Mitbrüder händeringend, nicht von der »Furcht vor den Sowjets« oder dem »Hass auf den Kommunismus« zu reden und aus gut gemeinter Solidarität mit den Verfolgten deren Situation nur noch zu verschlimmern.

Oder das in martialischem Ton gehaltene Schema *De Ecclesiae Militantis Natura,* »Über die Natur der streitenden Kirche«, das die Autorität der Hierarchie einschärfte und eine Erlösung ohne Bindung an Rom für undenkbar hielt: In der Konzilsaula warf ein holländischer Bischof den Verfassern der Kampfschrift vor, einen längst überlebten Triumphalismus zu vertreten und wie Juristen zu reden, nicht wie Seelsorger.

Langsam schwamm das Konzil sich frei. Es bildeten sich Gruppen, die über eine Straffung des Programms nachdachten und ihre Sicht der Dinge in gezielten Interventionen vertraten. Zu den Vordenkern solcher *Pressure groups* gehörten etwa der brasilianische Bischof Helder Câmara, der in der Konzilsaula kein einziges Mal das Wort ergriff, aber hinter den Kulissen enormen Einfluss im Interesse einer »Kirche der Armen« ausübte, der belgische Kardinal Leon Suenens und der Mailänder Erzbischof Montini, der in der Zeitschrift *L'Italia* prophezeite, die nächste Sitzungsperiode des Konzils werde nach dem ersten Probelauf erheblich schneller vorankommen. Man werde die Textvorlagen konzentrieren und sich auf Fragen beschränken, »die durch heutige pastorale Bedürfnisse gerechtfertigt und von allgemeinem Interesse sind«.

Von Tag zu Tag gewannen die Bischöfe der Weltkirche mehr Selbstbewusstsein. Die Konzilsaula gab ihnen die einmalige Gelegenheit, einander kennen zu lernen und zwei Dinge festzustellen: Die Probleme und Sorgen der Christen waren überall mehr oder weniger die gleichen, und die römische Zentrale war nicht so allwissend und mit Patentrezepten für die Zukunft ausgestattet, wie man immer gedacht hatte.

Gleich in der ersten Arbeitssitzung am 14. Oktober war es zum Aufstand gekommen: Als die Wahl der verschiedenen Konzilskommissionen erfolgen sollte, weigerten sich die »Väter« – angeführt von den französischen Bischöfen und von den Kardinälen Frings (Köln), Döpfner (München) und König (Wien) –, einfach die 180 von der Kurie präsentierten Mitglieder der vorbereitenden Gremien zu bestätigen. Man müsse sich doch erst einmal kennen lernen. Die Wahl wurde vertagt, nationale Bischofskonferenzen bildeten sich, erstellten gemeinsame Listen.

Die Kirche ist kein Selbstzweck

Papst Johannes dürfte am stürmisch erwachenden Freiheitsdrang der Bischofskollegen seine Freude gehabt haben. Er nahm an den Sitzungen bewusst nicht teil – seine bloße Anwesenheit hätte wohl manchen daran gehindert, offen zu sprechen –, verfolgte die Debatten aber im Arbeitszimmer aufmerksam über einen Bildschirmmonitor. Frei sollten die Bischöfe ihre Meinungen und Erfahrungen austauschen, getreu seinem Motto: »Wir sind doch keine Mönche, die im Chor singen!«

Ein einziges Mal, dafür aber um so entschlossener, intervenierte der Papst: Die Debatte über die »zwei Quellen der Offenbarung« – das heißt über den Stellenwert von Heiliger Schrift und Tradition für die Kirche, ein wichtiges Thema für das ökumenische Gespräch – hatte sich hoffnungslos festgefahren. Eine deutliche Mehrheit der Konzilsväter lehnte das vorbereitete Schema ab, ohne jedoch die für die Rückverweisung an die Kommission notwendige Zweidrittelmehrheit zustande zu bringen. Um die erstarrten Fronten aufzubrechen, setzte der Papst das Schema trotzdem von der Tagesordnung ab und berief eine Gemischte Kommission, die eine neue Vorlage ausarbeiten sollte. Die Leitung dieser Kommission übertrug er den beiden Gegenspielern Ottaviani und Bea gemeinsam – ein etwas verwegener, aber erfolgreicher Schritt, wie sich zeigen sollte.

Obwohl der Papst die Meinungsfreiheit seiner Bischofsbrüder so peinlich genau respektierte, konnten kaum Zweifel an seinen Erwartungen aufkommen. Tausendmal ist die Geschichte von den offenen Fenstern erzählt worden: Auf die Frage, was er sich vom Konzil erhoffe, habe Johannes das Fenster seines Arbeitszimmers weit geöffnet und gesagt: »Dass es frische Luft hereinlässt!« Capovilla hat die Anekdote zwar längst als Ente entlarvt; der Papst habe Zugluft nicht vertragen können. *Se non è vero, è bene trovato,* pflegen die Italiener zu solchen Geschichten zu sagen; wenn es nicht wahr ist, ist es gut erfunden. Capovilla hat das auch so gesehen.

Von einer dienenden, prophetischen, unaufdringlich Zeugnis für ihre Botschaft ablegenden Kirche träumte der Papst. Kirche nicht als Selbstzweck, selbstgerecht, selbstgenügsam, sondern denen verpflichtet, die noch auf der Suche sind oder gar nicht wissen, was sie suchen sollen. »Man redet immer noch viel zu sehr von ›an sich‹ statt ›für den Menschen‹«, stellte er fest, ungeduldig, wie man es nicht von ihm gewohnt war.

Der zentralen Vorbereitungskommission hatte er ins Stammbuch geschrieben, das Konzil sei kein Kongress für theologische Spekulationen, »sondern ein lebendiger pulsierender Organismus, der alle im Licht und in der Liebe Christi umarmt«. Man müsse »das Verbindende hervorheben«, ermunterte er 1961 die katholische Friedensbewegung *Pax Christi,* »und die Straße mit jedem so weit wie möglich gemeinsam gehen, ohne die Gerechtigkeit oder Wahrheit zu verraten«. Und zu Weihnachten 1962 vertraute er den versammelten Kardinälen seine Sehnsucht nach einer mit frischem Elan agierenden Kirche an und nach »neuer und kraftvoller Ausstrahlung des Evangeliums in der ganzen Welt«.

Unüberbietbar deutlich schließlich eine Gesprächsnotiz vom 23. Januar 1963: »Die Vertreter der Kirche wollen sich nicht auf eine Insel flüchten oder in eine Burg einsperren, noch wollen sie sich verhalten wie jemand, der im Blick auf die anderen ausruft: Sie gehen uns nichts an, mögen sie für sich selber sorgen! (…) Einen falschen Weg würde gehen, wer sich darauf beschränkte, den leuchtenden Himmel zu betrachten und die von den Vorfahren überkommene Wahrheit wie einen verborgenen Schatz zu hüten. Denn in solchem Verhalten würde man vergessen, dass über alle und alles sich Christi Arme erheben, der zu uns herabgestiegen ist, um sich zur Rettung der ganzen menschlichen Familie zu opfern.«

Aggiornamento hieß sein oft missverstandenes Zauberwort, das sich mit »Wandel« oder »Anpassung« nur unzureichend übersetzen lässt. Die Kirche soll der Welt in Roncallis Vorstellung weder mit hechelnder Zunge nachlaufen noch ihr unkritisch applaudieren. Aber eine Begegnung soll wieder möglich werden, angstfrei und ohne Vorurteile. Die Christen sollen heraus aus der Defensive, aus ihrer Bunkermentalität. Johannes erklärt keineswegs den »Fortschritt« zum neuen Dogma, er sieht nur Gott durch alle Wechselfälle der Geschichte hindurch am Werk und lädt dazu ein, auch die guten »Zeichen der Zeit« wahrzunehmen. »Nicht das Evangelium ist es, das sich verändert«, wird er in seinem Vermächtnis klarstellen; »nein, wir sind es, die gerade anfangen, es besser zu verstehen.«

Eine »kraftvolle, leuchtende und faszinierende« Verkündigung der alten Wahrheiten hat er sich gewünscht, und er, den manche für einen schrecklich naiven Optimisten hielten, war sich bewusst: »Wir leben in Zeiten und Verhältnissen, wo Priester und Laien das Vaterunser und das Credo zwar auswendig können, es aber nicht verstehen und seinen Geist nicht erfassen.«

Weil sie den Papst kaum zu Gesicht bekamen, waren die meisten Konzilsväter völlig überrascht, als er Ende November 1962 zum ersten Mal auf Anraten seiner Ärzte Audienzen absagte – nach einer schweren Darmblutung. Im *Osservatore Romano* war verharmlosend von »Magenbeschwerden« die Rede. Die Mediziner sagten dem 81-jährigen Papst genauso wenig die Wahrheit wie der Öffentlichkeit. Aber Johannes, der zunehmend Schmerzen litt und Kobaltbestrahlungen erhielt, begriff sehr gut, dass es die Krankheit war, die bereits seine Mutter, einen Bruder und vier Schwestern dahingerafft hatte: Krebs.

Als Johannes XXIII. am 3. Juni des folgenden Jahres starb, war erst eine Sitzungsperiode des Konzils vorüber; vier sollten es insgesamt werden. Aber die Bischofsversammlung hatte genau den Weg eingeschlagen, auf den sie »Johannes der Gute« geführt hatte. Hier wurden tatsächlich Mauern eingerissen, Türen geöffnet, Leitlinien abgesteckt, von denen man auch in den Jahren danach nicht mehr abweichen konnte, trotz Schwierigkeiten und kräftiger Gegenströmungen.

Die Anerkennung anderer christlicher Gemeinschaften als Kirchen, das Bekenntnis zur Religionsfreiheit, die neue Hochachtung anderen Religionen gegenüber, die Betonung der Mitverantwortung der Bischöfe in der Kirchenleitung, die Anerkennung eigenständiger Laienaktivitäten, die Solidarität mit Sehnsüchten und Leiden der Zeit – das ist heute selbstverständlich, klingt fast banal und musste damals in Rom doch erst unter harten Kämpfen durchgesetzt werden.

Die Kirche des Zweiten Vatikanums will nicht mehr im Getto leben, sondern sich mitten in der Welt engagieren. Sie will keine Insel der Seligen mehr sein, sondern Sauerteig der Erde, Ferment der menschlichen Entwicklung. Katholiken arbeiten fortan ganz selbstverständlich mit allen Menschen guten Willens zusammen, wenn es um Werte geht, an die sie glauben. Die Kirche spricht von Gott, indem sie ihn in den Menschen entdeckt. Die Kirche findet ihre Berufung, indem sie zu den Menschen geht.

Natürlich ist der neue Geist nicht mit einem Schlag über die katholische Christenheit gekommen. Natürlich stehen unterschiedliche Tendenzen nebeneinander, und die Ergebnisse dieses Konzils sind ambivalent wie immer, wenn Menschen zu neuen Ufern aufbrechen. Die Kirche stellt sich als lebendige, von der Kraft Gottes getriebene Gemeinschaft dar, als von Liebe und Vertrauen beseelter Organismus – und klammert sich doch immer wieder an juristische Normen und hierarchische Entscheidungsstrukturen. Die Entdeckung fremder Reichtümer löst den Bekehrungsfanatismus von einst ab; die Katholiken gehen lernbereit auf die anderen zu, statt zu warten, dass sie an die Kirchentüre klopfen – und dann bekommen sie doch wieder Angst vor der eigenen Courage, flüchten in Abgrenzungen, errichten Barrieren. Nicht zuletzt deshalb, weil der gute Wille nicht vor Enttäuschungen schützt und manche Zeitgenossen einfach zu egoistisch, zu abgestumpft, zu träge, zu verliebt in Profit und gutes Leben sind, um die Zumutung des Glaubens auf sich zu nehmen – mag sich die Kirche noch so freundlich einladend präsentieren.

Das neue Verhältnis, das sie zur säkularen Welt gefunden hat, kann sie dennoch nicht zurücknehmen. Der Testfall ist die Religionsfreiheit. Es ist noch gar nicht so lange her, da hieß es unter Katholiken, der Irrtum habe kein Recht, er sei um des Heiles der unsterblichen Seelen willen zu unterdrücken. Religionsfreiheit forderte man nur für das eigene Bekenntnis. Auf dem Konzil akzeptierte die Kirche dagegen feierlich, es gehöre zur Menschenwürde, dass jeder Mensch frei nach seinem Gewissen glauben und handeln dürfe.

Karl Rahner hat das Konzil, das er als Berater der deutschen Bischöfe mitgestalten durfte, eine »fundamentale Zäsur in der Geschichte des Christentums« genannt. Dort sei etwas Neues geschehen, »das irreversibel ist, das bleibt«. Aber Rahner wusste auch: »Ob wir in der dumpfen Bürgerlichkeit unseres kirchlichen Betriebs hier und jetzt dieses Neue ergreifen und leben, das ist eine andere Frage. Es ist unsere Aufgabe.«

Ökumenischer Lernprozess: »Zum großen Teil ist es unsere Schuld«

Von Anfang an hatte die Verständigung unter den Konfessionen zu den Zielen der Bischofsversammlung gehört. Wenn die Aufgabe der Neubelebung vollendet sei, versprach Papst Johannes in einer Rede vor den Diözesanleitungen der *Katholischen Aktion* Italiens, »dann werden Wir die Kirche in all ihrem Glanz, ohne Makel und Runzeln, präsentieren, und Wir werden allen anderen, die von uns getrennt sind, Orthodoxen, Protestanten und so weiter, sagen: Seht, Brüder, das ist die Kirche Christi! Wir haben uns bemüht, ihr treu zu sein, und den Herrn um die Gnade gebeten, dass sie immer so bleibe, wie er sie gewollt hat. Kommt, kommt, der Weg ist offen für die Begegnung und für die Rückkehr; kommt, um Euren Platz einzunehmen oder ihn zurückzuerhalten, der für eine große Zahl von Euch der Platz Eurer Väter ist!«

Eine Rückkehr also in das gemeinsame Vaterhaus, in ein gereinigtes und frisch herausgeputztes zwar, aber eben doch in das römisch-katholische Vaterhaus. Anders konnte sich Johannes XXIII. das Endprodukt ökumenischer Annäherung nicht vorstellen. Die heutigen Modelle einer »konziliaren Einheit« oder »versöhnten Verschiedenheit« waren ihm fremd. Trotzdem hat er die ökumenische Bewegung, die unter seinem Vorgänger noch sehr distanziert betrachtet worden war, im Vatikan sozusagen hoffähig gemacht.

Man muss ihm auch die allgegenwärtige römische Zensur zugute halten, die, wie wir gesehen haben, den Papst keineswegs verschonte und aus seinen unbefangenen Denkanstößen, wenn er nicht aufpasste, zahme Katechismussätze machte. Als er 1959 in San Paolo fuori le mure seine Umgebung mit der Ankündigung des Konzils überraschte, sprach er ausdrücklich auch eine Einladung »an die Gläubigen der getrennten Kirchen« aus, »mit uns an diesem Festmahl der Gnade und der Brüderlichkeit teilzunehmen«. Doch siehe da, in der später publizierten offiziellen Fassung war davon bloß der Wunsch übriggeblieben, die »getrennten Gemeinschaften« (unerhört von Johannes, sie als Kirchen anzuerkennen!) möchten »uns folgen, mit gutem Willen, auch sie auf dieser Suche nach Einheit und Gnade«. Keine Teilnahme mehr am gemeinsamen Festmahl, bloß noch die gönnerhafte Anerkennung der Suche nach etwas, das sie offenbar verloren haben, die schwarzen Schafe aus dem einst gemeinsam bewohnten Stall.

Johannes hatte selbst einen gewaltigen Lernprozess zu absolvieren, um sein Herz derart öffnen zu können. In seinem Tagebuch erzählt der 22-jährige Seminarist, der Hausobere habe ihn gebeten, einen jungen Protestanten, der sich auf den Übertritt zur katholischen Kirche vorbereite, bei seinen Spaziergängen zu begleiten. »Der arme Bursche tut mir leid«, entsetzt sich Angelo, in den »besten Jahren« seines jungen Lebens sei er mit der verführerischen Lehre der »Irrgläubigen« durchdrungen worden, und jetzt stecke er voller Vorurteile. Ja wirklich, »es genügt, ein paar Stunden mit einem Protestanten zusammen zu sein«, um den Wert des wahren Bekenntnisses zu erkennen und die »Gefahr, die unserem Glauben in Italien aus dem Hinterhalt von den Sekten her droht«.

1907, Roncalli ist 26 Jahre alt, wirft er in seinem sonst so weitsichtigen Vortrag zum Baronius-Jubiläum den katholischen Wissenschaftlern vor, sie hätten sich bisher »zu oberflächlich« mit dem Protestantismus beschäftigt und lediglich den »materiellen Schaden« veranschaulicht, der sich aus der »deutschen Empörung« ergeben habe. Man müsse sich stärker Rechenschaft darüber geben, »wie weit die lutherische Idee in den Geistern selbst auflösend und zerstörend gewirkt hat, jene Idee, die der Mönch von Wittenberg zuerst in grober Weise formuliert hatte und die sich dann rasch auch erlesener Geister bemächtigte und in ein wissenschaftliches Gewand hüllte (…)«

Sogar in seiner ersten Enzyklika *Ad Petri Cathedram* spricht Papst Johannes im Juni 1959 noch äußerst zurückhaltend über »jene von uns Getrennten, wenn sie sich auch Christen nennen«, und ihre Sehnsucht, »irgendeine Form von Einheit zu erreichen«. In ihrem – für Johannes absolut untypischen – abwehrenden, klagenden, autoritären Ton diente diese Enzyklika allerdings offenkundig der Besänftigung vatikanischer Gegner, die angesichts seiner Ideen und Aktivitäten immer öfter die Hände über dem Kopf zusammenschlugen. Ein paar Absätze später findet sich eine warmherzige Einladung an die »Brüder und Söhne« zurückzukehren, und zwar »nicht in ein fremdes Haus, sondern in das eigene, gemeinsame Vaterhaus«.

Als Papst hat er wohl am meisten und am schnellsten dazugelernt. Die Orthodoxen kannte er aus seiner Zeit in Sofia und Istanbul hervorragend, ein wenig auch die Juden, aber jetzt kamen die Protestanten, die Anglikaner hinzu, die Untergrundkirchen der kommunistischen Welt, die anderen Religionen, die in Afrika und Asien mit dem Christentum konkurrierten.

Sein brüderlicher Umgangston gegenüber den Konzilsbeobachtern aus den anderen christlichen Kirchen hat Maßstäbe gesetzt: In einer sprechenden Geste steuerte er bei der Audienz am Tag nach der Konzilseröffnung nicht seinen Thron an, sondern nahm in ihrer Mitte Platz. Er erzählte ihnen von seinen Erfahrungen mit Christen verschiedener Konfessionen auf dem Balkan: »Wir haben nicht lange verhandelt, sondern miteinander gesprochen, wir haben nicht diskutiert, sondern waren einander gut gesinnt.«

»Wer glaubt, zittert nicht«

Als erster Papst seit Jahrhunderten empfing er orthodoxe Kirchenführer in Rom, Repräsentanten des Protestantismus, den anglikanischen Erzbischof Geoffrey Fisher von Canterbury – und den Vorsteher der japanischen Buddhistenvereinigung. Vorrangig war dabei für ihn immer die Suche nach Gemeinsamkeiten, wie schon in seinen diplomatischen Missionen. Beim Aufrechnen alter Schuld wollte er sich nicht aufhalten.

»Wir wollen keine Gerichtsverhandlung aufziehen«, stellte er in seiner Vorliebe für prägnante, wenn auch bisweilen sehr schlichte Formulierungen klar, »und wir werden nicht danach suchen, wer Recht und wer Unrecht hatte. Die Verantwortung ist geteilt. Wir sagen vielmehr ganz einfach: Versammeln wir uns und hören wir mit den Streitigkeiten auf!« Bei einer Studienwoche über Probleme des christlichen Ostens in Palermo hatte er ein Jahr vor seiner Wahl zum Papst unmissverständlich klargestellt, die Schuld an der Spaltung liege nur zum Teil bei den getrennten Brüdern; »*ma in gran parte è nostra* – aber zum großen Teil ist es unsere Schuld«.

Eine protestantische Zeitschrift aus Frankreich urteilte später, Johannes XXIII. sei der erste Papst gewesen, der wirklich gehört habe, was die Reformation sagen wollte. Die Traditionalisten in seiner Kirche werfen ihm das heute noch vor. In Marcel Lefèbvres Priesterseminaren hingen Jahrzehnte nach Johannes' Tod noch die Bilder von Pius XII., als sei die Zeit stehen geblieben. Mit Papst Johannes begann für die katholischen Fundamentalisten die Relativierung der Wahrheit, die gefährliche Verwischung der Grenzen. Kardinal Siri von Genua – er spielte bei den beiden Papstwahlen des Jahres 1978 als Kandidat des beharrenden Lagers erneut eine gewichtige Rolle – soll gesagt haben, die Kirche werde fünfzig Jahre brauchen, um sich von den Irrwegen dieses Mannes zu erholen.

Gründlicher kann man den zutiefst konservativen Roncalli-Papst nicht verkennen. Einen Papst, der die Priester mehr als einmal mit scharfen Formulierungen zum Gehorsam aufrief, bei sozialen Veränderungen »behutsames Vorgehen« empfahl und bei einer Audienz unzweideutig erklärte: »Im Alltagsleben kann man häufig vernehmen: Die Kirche könnte nachsichtiger sein, sie könnte einige kleinere Zugeständnisse akzeptieren (...) Dies niemals! Der Papst kann gütig und geduldig sein, soviel man will, doch angesichts der betrüblichen Realität und angesichts unannehmbarer Unterlassungen wird seine Haltung, was es auch koste, fest, klar und unabänderlich sein aus Gehorsam und Respekt vor der Wahrheit.«

Im Jahr der Konzilseröffnung unterschrieb er über dem Petrusgrab, in Anwesenheit sämtlicher römischer Kleriker, feierlich die Apostolische Konstitution *Veterum Sapientia* (Weisheit der Alten), die heute niemand mehr kennt und in der das Latein als Unterrichtssprache für alle Seminarien und Katholischen Fakultäten festgeschrieben werden sollte. Im Haushalt seines Bischofs in Bergamo sei niemals über Frauen gesprochen worden, erinnert er sich, »als ob es keine Frauen auf der Welt gäbe« – und er ist auch noch stolz darauf.

Bei einer Generalaudienz im Petersdom erregte eine Spanierin seinen Zorn, die aus lauter Begeisterung über den gerade einziehenden Papst mit hoch erhobenen Armen ihre Kastagnetten ertönen ließ. Johannes ließ die *Sedia gestatoria* vor der überraschten Dame anhalten und kanzelte sie ab, das Geklapper sei in einem Gotteshaus fehl am Platz.

Johannes bremste seine Glaubensbehörde nicht, als sie das Experiment der »Arbeiterpriester« stoppte und misstrauische Lehrschreiben gegen eine zu freie Auslegung des Neuen Testaments sowie gegen die gefährlichen Tendenzen bei Teilhard de Chardin in die Welt setzte (erklärte allerdings ein paar Tage danach während einer Audienz ungerührt, die Warnung vor Teilhard sei »bedauerlich«). Kurz vor seinem Tod lehnte er es ab, verschiedene verbotene Bücher vom *Index* zu streichen, der damals noch in Kraft war.

Die 1960 unter seiner Leitung stattfindende römische Diözesansynode, die erste seit 1461, galt als Test für das Konzil – und enttäuschte alle Erwartungen. Die fast 800 vorbereiteten Beschlüsse wurden im Schnelldurchlauf verabschiedet, ohne Diskussion, und sie befassten sich mit so weltbewegenden Themen wie der Priestersoutane (immer zu tragen), dem Besuch von Pferderennen (für Kleriker verboten), dem Umgang mit Freimaurern (nur bei größter Vorsicht erlaubt) und Frauen (ein Priester durfte auf keinen Fall allein mit einer Frau Auto fahren, und sei es seine Schwester). Dabei war die Riesenstadt, deren Bevölkerung sich in einem halben Jahrhundert verfünffacht hatte, längst Missionsgebiet (Pius XII. verwendete den Ausdruck gegenüber den versammelten römischen Fastenpredigern), und die Defizite der Seelsorge fielen vor allem in den Trabantenstädten und Elendsvierteln ins Auge. Johannes XXIII. war aber offensichtlich so stolz auf »seine« Synode, dass er Erzbischof Fisher von Canterbury den gerade erschienenen Dokumentarband mit den Ergebnissen in die Hand drückte, als der ihn im Vatikan besuchte.

Auch das war Johannes, der Reformpapst, der sich nicht so einfach in die Schublade der Fortschrittspartei einordnen lässt – ebenso wenig wie der Patriarch Roncalli von Venedig, der dem Parteitag der Nenni-Sozialisten eine freundliche Grußadresse schickte und zugleich seinem Klerus die Anschaffung von Fernsehgeräten verbot. Priestern, die ihr Äußeres vernachlässigten, schenkte der Patriarch einen sauberen Kragen.

Schon in Frankreich, dem Herzland eines intellektuell lebendigen Katholizismus, hatte er wenig Interesse für die neue Theologie gezeigt, und den Zölibat verteidigte er so vehement, als gehe es um den Glauben an die Dreifaltigkeit. Aber derselbe Roncalli rehabilitierte kritische Geister wie den Engländer John Henry Newman oder den Italiener Antonio Rosmini. Er nannte die Freiheit eine »Tochter Gottes« und nahm den deutschen Moraltheologen Bernhard Häring gegen Beamte des Heiligen Offiziums in Schutz.

1934 hatte er aus Sofia seinen Vater ermuntert, das leidige Problem der zu kleinen Küche in der *Colombera* mit einem Familienrat zu erörtern, dem außer der Mutter nur noch die Brüder angehören sollten; »die Frauen haben zu gehorchen und nicht zu befehlen!« Aber drei Jahrzehnte später, 1962, würdigte er in seiner Friedensenzyklika *Pacem in terris* als erster Papst der Geschichte die zunehmende Teilnahme der Frau am öffentlichen Leben und das wachsende Bewusstsein ihrer Menschenwürde.

Der traditionsbewusste, konservative Priester Angelo Roncalli wurde nicht deshalb zum Kirchenerneuerer, weil er plötzlich eine radikale Kehrtwendung vollzogen hätte, sondern weil er seiner Zeit immer schon offen gegenüberstand. Neugierig, gesprächsbereit, lernfähig. Nicht ängstlich und misstrauisch. Weise, wie man es nur durch lange Lebenserfahrung wird, verwechselte er äußere Disziplin nicht mit innerer Kraft.

Gehorsam musste selbstverständlich sein, wenn es um das Wesentliche in der Kirche ging. Aber das war etwas anderes als das Katzbuckeln vor ihren Funktionären. Ein junger Priester aus dem Ausland kam in den Vatikan und war ängstlich bemüht, hier alles richtig zu machen. Johannes soll ihn beruhigt haben: »Mein lieber Sohn, mach dir doch nicht so viele Sorgen. Du kannst versichert sein, Jesus wird dich beim Jüngsten Gericht nicht fragen: ›Und wie bist du mit dem Heiligen Offizium ausgekommen?‹«

Angst vor den neuen Wegen und einer unsicheren Zukunft macht sich immer wieder breit in der Kirchengeschichte, bringt viele dazu, die Grenzen nach außen wieder deutlicher zu ziehen, ungewohnte Methoden der Seelsorge stärker zu kontrollieren und auf die lückenlose Übereinstimmung mit der Tradition zu pochen. Tradition war auch für Papst Johannes ein Schatz. Allerdings wollte er ihn nicht vergraben, sondern für die Gegenwart fruchtbar machen. Das war seine Art der Revolution: alte Zöpfe über Bord zu werfen, um das Wesentliche zu bewahren.

»Wer glaubt, zittert nicht«, lautete seine Überzeugung (ein Zitat des Propheten Jesaja; »wer glaubt, der braucht nicht zu fliehen«, heißt es in der Einheitsübersetzung). Roncallis Kontaktfreudigkeit, seine gewinnende Fähigkeit zum Dialog war keine billige Anbiederei; sie entsprang einem felsenfesten Glauben, der ihm Mut machte, offen und herzlich auf Andersdenkende zuzugehen. Er beharrte darauf: »Wir glauben zuversichtlich an das Wirken Gottes im Gewissen des einzelnen Menschen und an seine Gegenwart in der Geschichte.« Denn Christus sei nicht von der Welt, die er erlöst habe, fortgegangen.

Deshalb gilt seine Ermunterung auch heute noch, nach Jahrzehnten: Statt Verurteilungen auszusprechen, müsse man der Welt ein attraktives Vorbild liefern. Johannes: »Übel beklagen macht traurig. Doch wissen wir, dass Klagen allein Übel nicht beseitigen. (...) Die Güte muss verkündet werden!«

.

6

DAS ERBE:
WAS VON PAPST JOHANNES BLEIBT

»Nicht das Evangelium ist es, das sich verändert,
nein, wir sind es, die gerade anfangen,
es besser zu verstehen«

»Einfach, aber mit Würde sterben«

Der Papst, der so unbeschwert lachen konnte, hat ein Leben lang an den Tod gedacht. 1939 in Istanbul schreibt er kurz vor dem 58. Geburtstag in sein Tagebuch, jedes weitere Jahr betrachte er als Geschenk: Sein Bischof Radini-Tedeschi ist nur 57 Jahre alt geworden. 1947 bei Exerzitien in Paris: »Im begonnenen 67. Lebensjahr muss man auf alles gefasst sein.« 1955 in Venedig: Was jetzt noch an Leben bleibe, »soll nichts als eine gelassen-heitere Vorbereitung auf den Tod sein«.

Ende 1961, er ist nun 80 Jahre alt, die eher beiläufige Eintragung im Tagebuch: »Ich bemerke in meinem Körper den Beginn irgendeiner Störung. Das ist in meinem Alter wohl ganz natürlich. Ich ertrage sie in Frieden, wenn sie mir auch bisweilen lästig wird, auch weil ich fürchte, sie könnte sich verschlimmern. Es ist nicht gut, darüber zu viel nachzudenken. Aber trotzdem fühle ich mich zu allem bereit.«

Ein Jahr später, kurz vor Eröffnung des Konzils, werden Spezialisten in den Vatikan geholt. Die Magenbeschwerden haben sich verschlimmert, Johannes ist schwach und müde geworden, sein Gesicht durchsichtig wie Alabaster. Im November, nach einer schweren Blutung, ist den Ärzten klar, dass die in seiner Familie so häufige Krebskrankheit auch den Papst in ihren Fängen hat. »Ein Tumor«, eröffnet ihm sein alter Freund und Hausarzt Professor Gasbarrini aus Bologna vorsichtig.

Er verschweigt ihm, dass es sich um inoperablen Magenkrebs handelt und der Papst nur noch ein halbes Jahr zu leben hat. Johannes versteht auch so. »*Ebbene,* nun gut, Gottes Wille geschehe. Machen Sie sich keine Sorgen um mich, meine Koffer sind gepackt, ich bin bereit zu gehen.«

Seine eiserne Konstitution hält den Papst länger als gedacht am Leben, aber er ist nie ohne Schmerzen. Er fühle sich »wie der heilige Laurentius auf dem Marterrost«, sagt er seinem Sekretär einmal (Laurentius ist der Legende zufolge bei lebendigem Leib gebraten worden).

Trotzdem bleibt er gelassen. Er schreibt liebevolle Abschiedsbriefe nach Sotto il Monte. Die Besucher, denen ein Kloß in der Kehle sitzt, beruhigt er, das Sterben stehe nun einmal jedem Menschen bevor, und die Kirche werde davon nicht untergehen: »In einem Monat schaffen sie das«, scherzt er gegenüber dem polnischen Kardinal Wyszynski, »einen Papst zu beerdigen und einen neuen zu wählen.« Sein Kammerdiener Guido Gusso bittet ihn, seinen kleinen Sohn zu segnen, und der Dreijährige kräht – vielleicht aus Höflichkeit –, er wolle auch einmal Priester werden wie der Papst. Da bricht Johannes in ein herzliches Lachen aus und schüttelt den Kopf: »Nein, du bist zu hübsch. Wenn die Zeit kommt, wirst du heiraten!«

Während der Fastenzeit besucht er wieder römische Pfarrgemeinden, von Atemnot geplagt, aber mehr Güte ausstrahlend denn je. Im Frühjahr verweigert der zerstörte Magen die Nahrungsaufnahme, Johannes muss intravenös ernährt werden. Neue Blutungen. Am 22. Mai 1963 spricht er zum letzten

Mal zu den auf dem Petersplatz versammelten Menschen, mühsam lächelnd, aber mit immer noch klangvoller Stimme: »Ein frohes Himmelfahrtsfest! Eilen wir dem Herrn nach, der zum Himmel aufsteigt. Und wenn wir ihm nicht folgen können und auf der Erde bleiben, machen wir es wie die Apostel, die sich im Abendmahlssaal versammelten und um den Heiligen Geist beteten. (...) Ich grüße euch, ich grüße euch ...«

In der Nacht zum 30. Mai ein schlimmer Blutsturz. Eine Bauchfellentzündung kommt hinzu, der Tumor hat die Darmwand durchbrochen und verteilt sein Gift im Körper. Der Arzt sagt ihm, dass das Ende nahe ist – und wieder lächelt der Papst: »Ich bin bereit.« Capovilla bricht weinend neben dem Bett zusammen. Johannes streicht ihm über das Haar und sagt mit sanftem Tadel: »Ich bin ein Bischof und muss auch so sterben, einfach, aber mit Würde, und Sie müssen mir dabei helfen.«

Kardinäle, Ärzte, die Nonnen des päpstlichen Haushalts strömen in das Sterbezimmer. Johannes XXIII. sitzt aufrecht im Bett und weist auf das Kreuz gegenüber, das er beim Aufwachen und vor dem Einschlafen sieht: »Schaut hin, diese offenen Arme sind das Programm meiner Amtszeit gewesen. Sie sagen, dass Christus für alle starb, für alle. Niemand ist ausgeschlossen von seiner Liebe, seiner Vergebung. (...) Alle halfen mir und liebten mich, ich wurde viel ermutigt. Ich bin mir nicht bewusst, jemanden beleidigt zu haben, aber wenn ich es getan habe, bitte ich ihn um Vergebung. (...) In dieser letzten Stunde fühle ich mich ruhig und sicher, dass der Herr in seiner Gnade mich nicht zurückweisen wird. (...) Meine Zeit neigt sich dem Ende zu, aber Christus lebt weiter, und die Kirche setzt sein Werk fort. (...) *Ut unum sint, ut unum sint!* Dass alle eins sein mögen!«

Am Abend kommen Montini, den er inzwischen zum Kardinal ernannt hat und ziemlich offen als seinen Favoriten präsentiert, und die Geschwister Assunta, Alfredo, Giuseppe und Zaverio. Sie wachen und beten neben seinem Bett. Nachts wacht der Papst auf, ist verwirrt, redet französisch, glaubt, er sei in Frankreich und sein Pariser Arzt stehe neben ihm. Dann erkennt er seine Familie, trinkt eine Tasse Kaffee, erklärt in fröhlichem Staunen: »Ich bin noch da! Gestern dachte ich, ich wäre schon gegangen ...«

83 Stunden dauert dieser Todeskampf, und die ganze Welt nimmt daran teil. Das vatikanische Presseamt gibt stündlich ärztliche Bulletins heraus. Telegramme aus allen Erdteilen treffen ein, Post von amerikanischen Kindern – »Lieber Papst Johannes, wir haben dich lieb« –, von Protestanten, Buddhisten, Juden, Ungläubigen – »Soweit ein Atheist das kann, bete ich für Sie« –, von Kennedy, de Gaulle, Queen Elizabeth, Fidel Castro aus Kuba und Kreml-Chef Chruschtschow, von den Häftlingen des Gefängnisses *Regina Coeli*, die seinen Weihnachtsbesuch nicht vergessen haben. Im Dom von Mailand beten 20 000 Jugendliche eine ganze Nacht für den sterbenden Papst, in der römischen Synagoge spricht Großrabbiner Eliseo Toaf Psalmen für seine Gesundheit. Die traditionelle Parade zum Nationalfeiertag wird abgesagt, um dem Todkranken den Lärm von Düsenjägern zu ersparen.

Johannes XXIII. liegt unter einer Sauerstoffmaske, kann nur mit Mühe atmen, hat Fieberanfälle, verliert immer wieder das Bewusstsein. Dann wird der Puls kurzzeitig besser, er unterhält sich mit seinen Geschwistern – im Bergamasker Dialekt –, wiederholt ständig Worte aus den Evangelien: »Ich bin die Auferstehung und das Leben!«

Am Pfingstsonntag, 2. Juni, versammeln sich Zehntausende von Römern, Pilgern, Touristen auf dem Petersplatz, schauen schweigend hinauf zu den Räumen im dritten Stock des Apostolischen Palastes. Der Papst verfolgt den Gottesdienst im Arbeitszimmer, das an sein Schlafzimmer grenzt, kann aber die Kommunion nicht mehr empfangen. Das Fieber steigt, der Puls wird schneller, der Atem geht sehr schwer, aber Johannes ist bei vollem Bewusstsein. Am Abend enthält das Communiqué des Vatikanischen Presseamtes nur das einzige Wort: »*Gravissimo* – es steht äußerst schlecht.«

Doch die Kraftnatur des Bauernsohnes vermag den Menschenmörder noch für eine Nacht zurückzuschlagen. »Der Heilige Vater leidet ungeheuer«, erklärt ein Vatikansprecher den 250 wartenden Journalisten, »und er versteht zu leiden.« Minuten barmherziger Bewusstlosigkeit wechseln mit langen Phasen bohrender Schmerzen. Bluttransfusionen, Sauerstoffgaben. »Hört auf zu weinen«, sagt Johannes plötzlich zu seinen Geschwistern. »Pfingsten ist ein Tag der Freude!«

Am Abend des Pfingstmontags, 3. Juni 1963, um 19 Uhr beginnt Kardinal Luigi Traglia, der Stellvertreter des Papstes im römischen Bischofsamt, auf dem Petersplatz eine Messe zu zelebrieren. Eine unübersehbare Menschenmenge füllt das weite Rund, viele knien auf den warmen Steinen, starren unter Tränen zu den Fenstern empor, hinter denen der »gute Papst« mit dem Tod kämpft.

Später wird sein Neffe Don Battista erzählen, Johannes habe nicht mehr sprechen können, aber den Kopf bewegt und mit den Händen schwache Zeichen gemacht – bis die Anwesenden begriffen: Bruder Zaverio stand so vor dem Bett, das er unabsichtlich den Gekreuzigten an der Wand gegenüber verdeckte. Sofort trat er zur Seite, und über das abgezehrte Gesicht des Papstes ging ein glückliches Lächeln, als er Christus wieder sehen konnte.

In dem Moment, als der Gottesdienst zu Ende ist und Kardinal Traglia die alte Entlassungsformel *Ite, missa est* spricht, geht im abgedunkelten Schlafzimmer oben im dritten Stock das Licht an. Auf dem Petersplatz beginnen die Menschen hemmungslos zu weinen, fallen einander in die Arme: Johannes ist tot.

Die offenen Türen werden bleiben

»In der Stunde, da wir Lebewohl sagen, oder besser: Auf Wiedersehen«, so schließt Roncallis 1954 in Venedig abgefasstes *Geistliches Testament,* »erinnere ich nochmals an das, was im Leben am meisten gilt: Jesus Christus, seine heilige Kirche, sein Evangelium, und im Evangelium vor allem das Vaterunser im Geist und nach dem Herzen Jesu, und aus dem Evangelium: die Wahrheit und die Güte, die milde und wohlwollende, die tätige und geduldige, die unbesiegbare und siegreiche Güte.«

Die Erinnerung an die Menschenfreundlichkeit Gottes, die er verkörpert hat, wird bleiben. Vielleicht auch ein Stück Mut zur »heiligen Verrücktheit«, die nach einem seiner zahllosen Bonmots zur Kirche gehört. Seine Scheu, *ex cathedra* zu sprechen und eine Unfehlbarkeit in Anspruch zu nehmen, die von der modernen Welt nicht verstanden würde, die aber auch seinem Bild des Petrusamtes nicht entsprochen hätte.

Bleiben werden die offenen Türen. Die Bereitschaft, mit Andersgläubigen und »allen Menschen guten Willens«, wie es in seiner Friedensenzyklika heißt, zusammenzuarbeiten. Bleiben wird eine neue Sensibilität für die jüdischen Wurzeln des Christentums. Wir wissen, wie er in Istanbul den von den Nazis Verfolgten zu helfen suchte. In Paris hatte er eine Menge jüdischer Freunde; in einer Predigt in der Kathedrale von Algier nannte er die Juden 1950 »Söhne der Verheißung« und Abraham den »Patriarchen aller Gläubigen«.

Zehn Jahre später besuchten 200 Delegierte der amerikanischen *United Jewish Appeal* den Vatikan; Papst Johannes kam mit weit geöffneten Armen auf sie zu und zitierte – in Anspielung auf seinen zweiten Vornamen Giuseppe – das Bibelwort: »Ich bin Josef, euer Bruder!«

Was bei der Karfreitagsliturgie 1962 im Petersdom geschah, hat weltweit Aufsehen erregt: Ein Kardinal verwendete in den »Großen Fürbitten«, die der Kreuzverehrung vorangehen, wohl aus alter Gewohnheit die herkömmliche Formulierung: »*Oremus et pro perfidis Judaeis* – lasst uns auch beten für die treulosen Juden: Gott, du schließt sogar die treulosen Juden von deiner Erbarmung nicht aus. Erhöre unsere Gebete, die wir wegen der Verblendung jenes Volkes vor dich bringen (...)« Da unterbrach der anwesende Papst die heilige Handlung und wies den Purpurträger zurecht: »Wiederholen Sie die Fürbitte – aber nach der neuen Form!«

Denn bereits 1959, am ersten Karfreitag seiner Amtszeit, hatte Johannes die taktlosen Worte durch einen nicht nur freundlicher formulierten, sondern auch theologisch korrekten Gebetstext ersetzt, der seither für die ganze Kirche gilt: »Lasst uns auch beten für die Juden, zu denen Gott, unser Herr, zuerst gesprochen hat: Er bewahre sie in der Treue zu seinem Bund und in der Liebe zu seinem Namen, damit sie das Ziel erreichen, zu dem sein Ratschluss sie führen will.« Papst Pius XII. hatte den fatalen Ritus bereits zu reformieren begonnen, indem er erlaubte, die Formulierung »treulos« durch »ungläubig« zu ersetzen, und das – bei sämtlichen anderen Karfreitagsfürbitten gebräuchliche und nur beim »Judengebet« aus Verachtung ausgelassene – Niederknien auch an dieser Stelle vorschrieb.

Bleiben wird Johannes' Ermunterung, die sozialen Probleme anzupacken und den Armen der Industriemetropolen und der Dritten Welt mehr zu geben als mitleidsvolle Reden. Roncallis Sozialenzyklika *Mater et Magistra* (»Mutter und Lehr-meisterin«, gemeint ist die Kirche) zählt die innerbetriebliche Mitbestimmung und die Beteiligung der Arbeiter am Unter-nehmensbesitz zu den elementaren Erfordernissen der Gerech-tigkeit. Dem wirtschaftlichen Fortschritt müsse der soziale Fortschritt folgen, »so dass alle Bevölkerungskreise am wach-senden Reichtum der Nation entsprechend beteiligt werden«.

Neu ist der weltweite Blickwinkel dieser Lehre, die eine aktive Solidarität der Industrienationen mit den Ländern des Elends fordert, eine an politische Einflussnahme geknüpfte Wirtschaftshilfe als »neue Form von Kolonialherrschaft« ab-lehnt und die Christenheit auffordert, als »Kirche der Armen« ihren Beitrag zum internationalen Interessensausgleich zu leisten.

Bleiben wird schließlich sein leidenschaftlicher Protest gegen Hochrüstung und Krieg. »Zu viele Soldatenfriedhöfe bedecken die Erde«, hatte er schon in seiner ersten Enzyklika gewarnt. Als der damalige deutsche Bundeskanzler Konrad Adenauer 1960 den Vatikan besuchte, erhoffte er sich vom Papst ein paar wohlwollende Worte zur Wiederaufrüstung der Bundesrepublik. Als stünde er auf einem Wahlkampfpodium, belehrte er den freundlich lauschenden Roncalli: »Ich glaube, dass Gott dem deutschen Volk in diesen Zeiten der Not die besondere Aufgabe anvertraut hat, der Wächter des Westens gegenüber den mächtigen Einflüssen des Ostens zu sein, die auf uns lasten.« Johannes überging den wenig taktvollen Wink mit vielsagendem Schweigen.

Aber Jahre später lobte er bei einem Empfang für die Bischöfe Polens die polnischen Bemühungen um die Unan-tastbarkeit der Grenzen – sehr zum Ärger Adenauers, dessen Regierung die Oder-Neisse-Linie zwischen Polen und Deutschland niemals anerkannte. »Die Welt ist vergiftet von einem ungesunden Nationalismus«, hatte Roncalli bereits beim Kriegsausbruch 1939 in seinem Tagebuch notiert.

»War Adenauer ein Christ?« fragte der päpstliche Sekretär Loris Capovilla den verdutzten Publizisten Luitpold A. Dorn während eines Interviews. Er habe Papst Johannes abgelehnt. Warum? Capovilla: »Weil er ihn für politisch dumm hielt.«

Selbstverständlich war Johannes nicht blind. Selbstverständlich wusste er um die von kommunistischen Regimes eingekerkerten Priester, um die zerstörten Kirchen und um die Repressalien gegen Menschen, die es wagten, trotz staatlicher Verbote an Gott zu glauben, ein religiöses Gewissen zu haben und vom Evangelium zu reden – und er litt furchtbar darunter. Vor Kardinälen, Seminaristen, Audienzteilnehmern beklagte er mehr als einmal die Unterdrückung von Religionsfreiheit und Kirche etwa in Kuba und der Sowjetunion.

Doch wem nützten die empörten Verurteilungen? Johannes meinte den verfolgten Christen im Untergrund wirksamer helfen und der Sache des Glaubens hinter dem »Eisernen Vorhang« besser dienen zu können, wenn er sich um das Gespräch mit den Machthabern bemühte, ihre wie auch immer gearteten Beweggründe zu verstehen suchte und respektvolle Zusammenarbeit im Interesse der Humanität und sozialen Gerechtigkeit anbot.

Geheimkontakte zum Kreml

Bei seinem Regierungsantritt hatte Johannes eine explosive politische Situation vorgefunden: eisige Atmosphäre zwischen den Machtblöcken, ohnmächtige internationale Organisationen – die UNO war erst dreizehn Jahre alt – und eine atomare Hochrüstung, die jeden Moment zu einem Schlagabtausch mit unabsehbaren Folgen für die ganze Welt führen konnte. Da tat die Kirche in seinen Augen besser daran, die zaghaften Ansätze von Dialog, Öffnung und Aussöhnung zu fördern, als durch Parteinahme und Kraftworte zusätzlich Öl ins Feuer zu gießen. Der Arbeitsgruppe, die nach seinen Vorgaben die Enzyklika *Pacem in terris* verfasste, hatte er ausdrücklich aufgetragen, auf eine Verurteilung des Kommunismus zu verzichten: »Ich kann nicht der einen oder anderen Seite bösen Willen zuschreiben. Wenn ich es tue, dann wird es keinen Dialog geben, und alle Türen werden sich schließen.«

Der immer noch viel zu wenig glatte und hinterlistige, aber durchaus versierte Diplomat Roncalli veränderte die vatikanischen Gepflogenheiten zäh und leise; nur selten drang etwas an die Öffentlichkeit und sorgte für hitzige Diskussionen über die »neue Ostpolitik« am Tiber. »Die Russen sind wunderbare Menschen«, äußerte er in einem Gespräch unter vier Augen; »wir dürfen sie nicht verurteilen, weil wir mit ihrem politischen System Schwierigkeiten haben. Sie besitzen ein großes, unzerstörtes geistliches Erbe. Wir müssen den Dialog führen – noch heute. Wir müssen immer wieder versuchen, das Gute, das in jedem Menschen ist, anzusprechen; sonst können wir alles verlieren, wenn die Menschen nicht Mittel und Wege finden, zusammenzuarbeiten, um den Frieden zu retten. Ich habe keine Angst, mit jedem über den Frieden auf der Erde zu sprechen. Wenn Chruschtschow an Ihrem Platz säße – ich glaube nicht, dass ich mich gehemmt oder unbehaglich fühlte, mit ihm zu reden.«

Das Pikante dabei: Roncallis Gesprächspartner war der amerikanische Journalist Norman Cousins, eine graue Eminenz der internationalen Politik, Gründer der so genannten »Gruppe von Dartmouth«, die enge Berater des US-Präsidenten Kennedy und des sowjetischen Staats- und Parteichefs

Chruschtschow zu informellen Gesprächen zusammenbrachte. Natürlich erfuhr der Kremlchef von den freundlichen Worten des Papstes; er wies auch die von Johannes gesegnete Medaille nicht zurück, die ihm Cousins überreichte.

Diese zwischen Rom und Moskau hin und her fliegenden Signale waren nicht die ersten. Es hatte eisern geheimgehaltene Treffen in römischen Wohnungen gegeben, Begegnungen zwischen italienischen Katholiken, die Verständnis für den Gerechtigkeitsdrang italienischer Kommunisten hatten, und Kommunisten, die an den armen Christus glaubten. An einem dieser Gespräche nahm Palmiro Togliatti teil, Sekretär der Kommunistischen Partei, *Partito comunista italiano,* der sich gerade auf eine Reise nach Moskau vorbereitete. Er nahm einen diskreten Wunsch des Papstes mit: Ein Glückwunschtelegramm aus dem Kreml zu seinem bevorstehenden 80. Geburtstag wäre doch eine schöne Geste, und der *bravo signore,* der »gute Mann« in Moskau würde sich damit nichts vergeben, denn einem 80-Jährigen zu gratulieren, galt überall in der Welt als Akt selbstverständlicher Höflichkeit.

Nikita Sergejewitsch Chruschtschow lachte und entwarf das Telegramm, das pünktlich am 25. November 1961 mittags beim sowjetischen Botschafter in Rom eintraf. Der trug das ungewöhnliche Schriftstück zum Päpstlichen Nuntius in Italien, der es wiederum dem Staatssekretariat überbrachte. Johannes freute sich – »es bewegt sich etwas in der Welt« –, sprach von einem »Zeichen der Vorsehung«, verschwand in seiner Privatkapelle und ließ seine Umgebung in heilloser Verwirrung zurück: Wie sollte man darauf bloß reagieren, ohne als Handlanger des Kommunismus verdächtigt zu werden? Man legte dem Papst eine dürre Antwortfloskel vor, aber der strich alles durch – wie er es gern tat – und ließ »dem ganzen russischen Volk« seine »herzlichen Wünsche für die

Entwicklung und Festigung des allgemeinen Friedens durch hoffnungsvolle Verständigung in Menschlichkeit und Brüderlichkeit« übermitteln.

Die Chemie stimmte einfach zwischen den beiden Bauernsöhnen mit ihrem ein wenig derben Äußeren und ihrer bodenständigen Denkweise. Chruschtschows Tochter Rada sagte später nach ihrer Audienz beim Papst, dessen Hände seien durch mühsame Bauernarbeit gegerbt wie die ihres Vaters. Und nicht zu vergessen, der trotz seines tyrannischen Benehmens von liberalen Visionen beseelte Chruschtschow hatte mit den Betonköpfen im Kreml ähnliche Probleme wie Johannes mit manchen Kurienprälaten.

»Eben dadurch, dass er sich wie ein schlichter Pfarrer verhielt, flößte er Vertrauen ein«, urteilt der Historiker und Journalist Hansjakob Stehle, der lange Zeit als Autorität für die Beziehungen zwischen dem Vatikan und Osteuropa galt, »und hielt den empfindlichen Anfangskontakt von Prestige-und Protokollklippen fern. Das war, 35 Jahre nach den letzten Gesprächen Eugenio Pacellis mit den Sowjets, die einzige Methode, die vielleicht der großen Kirchendiplomatie den Weg öffnen konnte.«

Und den kleinen Freiheiten. Noch kurz vor Eröffnung des Konzils hatte es so ausgesehen, als ob keine Beobachter der russisch-orthodoxen Kirche an der Versammlung teilnehmen würden. Die westliche Politik werde das Konzil doch nur als ideologische »Waffe« gegen die Sowjetunion benutzen, tönte das Moskauer Patriarchatsblatt. Dann setzte plötzlich Tauwetter in der Kremlführung und in der russischen Orthodoxie ein, und am 12. Oktober 1962, einen Tag nach dem Konzilsstart, trafen unter großem Aufsehen der Erzpriester Vitalij Borowoj und der Archimandrit Wladimir Kotliarow als offizielle Abgesandte des Heiligen Synods in Rom ein.

»Wir wollen keinen Schutz und keine Privilegien«, ließ Johannes XXIII. den sowjetischen Staatschef wissen, »wir wollen einfach Freiheit, das Evangelium zu predigen.« Konnte man auf dieses unschuldige Begehren noch mit Stalins höhnischer Frage antworten »Wie viele Divisionen hat er denn, der Papst«? Im übrigen brauchte der Kreml einen Prestigegewinn, weil er die Wirtschaftsbeziehungen zum Westen intensivieren wollte und sich angesichts der wachsenden Spannungen mit China eigentlich keinen Kalten Krieg mehr leisten konnte.

Am Rande des Atomkriegs

Die erste Nagelprobe bestand das neue Verhältnis zwischen Rom und Moskau während der »Kuba-Krise« im Oktober 1962: Johannes XXIII. spielte dabei die Rolle eines unparteiischen Vermittlers zwischen den Supermächten und trug vermutlich entscheidend zur Verhinderung eines Atomkriegs bei. Die Sowjets hatten Raketenbasen auf Kuba – in Reichweite der USA – zu errichten begonnen. Die USA reagierten auf diese Bedrohung mit einer Seeblockade für sowjetische Schiffe, die Raketenmaterial nach Kuba beförderten. In Washington begann man Politikerfamilien zu evakuieren. Amerikanische B-52-Bomber befanden sich schon in der Luft, um bei einer plötzlichen Eskalation Moskau, Leningrad und Kiew in Ruinenfelder zu verwandeln. Die Situation glich einem Pulverfass, an dem die Lunte bereits brannte.

Während die Hardliner im amerikanischen Pentagon drohend die Muskeln spielen ließen, setzte US-Präsident John F. Kennedy, ein Katholik, auf Konfliktbegrenzung: Er stellte der UdSSR ein Ultimatum, Rückzug der Schiffe oder Luftangriff, schickte aber gleichzeitig seinen Bruder Robert zum sowjetischen Botschafter Anatolij Dobrynin – die beiden verstanden sich überraschend gut – und ließ den schon mehrfach genannten Norman Cousins im Vatikan vorfühlen. Der flämische Dominikanerpater Félix Morlion, der einmal in der Kurie gearbeitet hatte und jetzt als *CIA*-Agent galt, hängte sich ebenfalls ans Telefon. Sowjetische Schriftsteller und Wissenschaftler wurden hinzugezogen.

Am Ende war klar, dass ein päpstlicher Friedensappell beiden Seiten am ehesten einen ehrenvollen Rückzug ohne allzu viel Gesichtsverlust ermöglichen würde. In der Nacht zum 25. Oktober wurde der Papst geweckt, eine Botschaft an die Supermächte entstand, deren Text sofort ins Englische und Russische übersetzt und an das Weiße Haus sowie an den Kreml übermittelt wurde. Um sieben Uhr morgens lag die zustimmende Antwort aus Moskau vor, eine Stunde später gab auch Kennedy grünes Licht. Mittags um zwölf Uhr verlas Johannes XXIII. seine Botschaft über die Rundfunkmikrofone.

Der Papst sprach französisch. »Mit der Hand auf dem Herzen«, so bat Johannes die Spitzenpolitiker der Supermächte, »mögen sie den Angstschrei hören, der aus allen Teilen der Welt, von den unschuldigen Kindern bis zu den Alten, von den einzelnen bis zu den Gemeinschaften, zum Himmel aufsteigt: Friede, Friede!«

Am 26. Oktober erschien die Moskauer *Prawda* mit einer riesigen Schlagzeile, die quer über die erste Seite lief – ein Zitat des Papstes: »Wir bitten alle Regierenden, nicht taub zu sein für den Schrei der Menschheit.«

Am 28. Oktober ordnete Nikita Chruschtschow den Abbau der Raketenbasen und die Aufnahme von Verhandlungen über die UNO an. Die Schiffe befanden sich bereits auf dem Rückzug. Politisch betrachtet, hatte Moskau klein beigeben müssen. Moralisch gesehen, hatte Chruschtschow jedoch unend-

lich dazugewonnen: das Image des verzichtbereiten Friedens-
freundes. »Sonnt euch nicht im Sieg!« soll der Papst laut Andreotti an Präsident Kennedy gekabelt haben. Und der entgegnete: »Nicht einmal im Traum.«

In einer Art Manöverkritik kam die päpstliche Friedens-
initiative am 13. Dezember 1962 in Chruschtschows Arbeitszimmer im Kreml erneut zur Sprache, als der geheimnisvolle
Norman Cousins dem Russen mehr als drei Stunden lang
gegenübersaß. Das vatikanische Staatssekretariat erhielt
danach einen 20-seitigen Bericht. Er sei dem Papst sehr dankbar, wolle ihn aber nicht bekehren, versicherte Chruschtschow:
»Ich war selbst in meiner Jugend religiös, Stalin war sogar im
Priesterseminar. (...) Wogegen wir dann gekämpft haben, das
war nicht die Religion als solche, sondern eine besondere
Situation, in die viel Politik hereinspielte (...)«

Er wünsche sich eine dauerhafte Verbindungslinie zum
Vatikan, freilich eine inoffizielle, ließ der Kremlzar wissen. Er
anerkenne das Bemühen der Kirche, allen Menschen zu dienen, weil sie den höheren Werten des Lebens verpflichtet sei.
Dann brachte Cousins behutsam, aber deutlich die Repressalien gegen die Religion zur Sprache: Religionsunterricht, religiöse Literatur, der immer noch in sibirischer Verbannung
lebende ukrainische Metropolit Slipyi ... Chruschtschow
machte sich Notizen, knurrte etwas von »prüfen lassen«, ging
aber dann überraschend offenherzig auf das Problem Slipyi
ein: »Wenn es eine Garantie gibt, dass man keinen politischen
Fall daraus macht«, könne er sich eine Freilassung vorstellen,
wenn sich auch alle Welt das Maul darüber zerreißen werde.
»Ein Feind mehr in Freiheit macht mir keine Angst ...«

Josyf Slipyi war der Metropolit der von Stalin in den Untergrund vertriebenen katholischen Ukrainer des östlichen Ritus.
17 Jahre hatte er in sowjetischen Gefängnissen und Straflagern

verbracht, wurde dort dem Vernehmen nach auch gefoltert. Tatsächlich durfte der gebrochene alte Mann zwei Monate später aus Sibirien ausreisen. Jan Willebrands, Kardinal Beas engster Mitarbeiter im *Sekretariat für die Einheit der Christen,* holte ihn in Moskau ab und schaffte es in tagelangen Gesprächen, ihm den Wunsch auszureden, seine ukrainische Heimat zu besuchen. »Politisches« Aufsehen musste ja um jeden Preis vermieden werden.

Man erlaubte dem prominenten Ex-Häftling lediglich, einen Zug zu nehmen, der über seine alte Bischofsstadt *Lwiw* (Lemberg) nach Wien und Rom führte. Vom D-Zug-Fenster aus segnete er unbemerkt Lemberg und die ganze Ukraine. Auf dem letzten Schnellzugbahnhof vor Rom, in Orte, stiegen Slipyi und Willebrands aus, um etwaige Sensationsjournalisten zu täuschen, wurden dort von Capovilla in Empfang genommen und in den Vatikan gefahren. Dort wartete schon ein gerührter Papst, der den Metropoliten fest an sich drückte und als »Herr Kardinal« begrüßte – eine Würde, die ihm freilich erst Paul VI. verleihen konnte, Johannes starb vor dem geplanten Konsistorium. Slipyi lebte noch über 20 Jahre zurückgezogen im Vatikan und wurde 92 Jahre alt.

Ohne große Publicity gelang es dem päpstlichen Unterstaatssekretär Agostino Casaroli – unter Paul VI. sollte er endgültig zum Architekten einer neuen vatikanischen Ostpolitik werden – kurz darauf, vier ungarische Bischöfe aus dem Exil fern von ihren Bistümern zu befreien; der ungarische Primas József Mindszenty blieb freilich noch in der amerikanischen Botschaft in Budapest eingesperrt. Auch der Prager Erzbischof Josef Beran, der seit 16 Jahren seinen Amtssitz auf dem Hradschin nicht mehr hatte betreten dürfen, sollte erst 1965 aus der Internierung freikommen – um den Preis seiner Ausreise nach Rom.

Ein Atheist im Vatikan

Wenige Wochen nach Slipyis Freilassung kam es zu dem spektakulären Besuch von Chruschtschows Schwiegersohn Alexej Adschubej im Vatikan. Aduschubej gehörte damals zu den mächtigsten Männern im Kreml; als Chefredakteur der regierungsamtlichen *Iswestija* konnte er sich gegenüber den »Falken« im eigenen Lager darauf hinausreden, er habe den Papst ja nur interviewen wollen.

Johannes stieß auf ähnliche Widerstände: Wie konnte er nur einem erklärten Atheisten, dem Repräsentanten eines blutbefleckten Regimes von Christenverfolgern, die Ehre einer Audienz gewähren?

Johannes verstand die Aufregung wieder einmal überhaupt nicht. »Ein Atheist?« fragte er lächelnd. »Nun, was kann er mir im schlimmsten Fall schon sagen? Dass die Kirche am Ende, dass sie gestorben ist. Gut, aber ich werde ihm sagen, dass das nicht wahr ist.«

»Meine Umgebung ist nicht sehr davon begeistert, dass ich jemanden aus Sowjetrussland empfangen habe«, vertraute er dem Pariser Kardinal François Marty an, als alles vorüber war. »Aber ich habe mich in meinem Leben daran gewöhnt, meine Tür keinem zu verschließen, der anklopft.« Johannes wusste, dass ihn einige in der Kurie und im rechten italienischen Katholizismus für einen politischen Schwachkopf hielten, der mit seinen freundlichen Gesten nur der roten Propaganda Munition liefere und es an Wachsamkeit gegenüber der kommunistischen Gefahr fehlen lasse. Er müsse sehr behutsam sein, soll er dem Chefredakteur der Jesuitenzeitschrift *Civiltà Cattolica* anvertraut haben, »damit das nächste Konklave nicht ein Konklave gegen mich wird und eine Wahl trifft, die alles zerstören würde, was ich erreichen wollte«.

Vielleicht wusste er auch, dass der sowjetische Geheimdienst *KGB* Spione im Vatikan sitzen hatte – wie der russische Historiker Valerij Arkadewitsch Aleksejew, unter Chruschtschow für die Beziehungen zum Vatikan zuständig, später enthüllte – und dass umgekehrt der amerikanische Geheimdienst *CIA* über den zwielichtigen Pater Morlion die Kontakte zwischen Norman Cousins und dem Kreml überwachte.

Am 7. März 1963 wurde Adschubej an einem Tross gaffender Kollegen und Fotografen vorbei in die Privatbibliothek des Papstes geführt, der nur noch drei Monate zu leben hatte. Es war die erste Begegnung eines hohen Sowjetfunktionärs mit dem Papst seit der russischen Revolution 1917. Adschubej hatte seine Frau Rada Chruschtschowa mitgebracht, die Tochter des Kremlchefs, die Französisch verstand; Johannes nutzte die Gelegenheit, ihr auf französisch Geschichten über die Gemälde und Wandteppiche in dem Büchersaal zu erzählen. Ihrem Mann schwärmte er von der slawischen Musik und seinen schönen Erinnerungen an Bulgarien vor. Er bekräftigte, dass der Papst alle Menschen als Brüder sehe – und plötzlich befand sich der bekennende Atheist Adschubej in einem religiösen Gespräch mit dem Führer des Weltkatholizismus:

»Sie sind Journalist«, strahlte ihn der Papst an, »da kennen Sie natürlich die Bibel und die Schöpfungsgeschichte.« Keiner konnte so zielstrebig und unaufdringlich zugleich sein wie dieser Zauberer Johannes. »Die Bibel erzählt, dass Gott die Welt erschaffen hat, und zwar am ersten Tag das Licht. Danach ging der Schöpfungsakt sechs Tage lang weiter. Aber wie Sie wissen, sind die Tage der Bibel in Wirklichkeit Epochen, und diese Epochen dauern sehr lange.« Und jetzt kam Johannes auf den Punkt: »Wir schauen einander in die Augen, und da sehen wir ein Licht. Heute ist der erste Schöpfungstag, der Tag des Lichts (...) Es braucht alles seine Zeit. Das Licht ist in meinen Augen und in Ihren Augen. Wenn Gott es will, wird er uns einen Weg weisen.«

Am Ende setzte Johannes sein bezauberndstes Lächeln auf, nahm Radas Hand zärtlich in die seine und fragte: »Wie heißen Ihre Kinder? Es ist etwas Einzigartiges, wenn eine Mutter die Namen ihrer Kinder ausspricht.« Rada antwortete stolz: »Nikita, Alexej, Iwan«. Im Vatikan klang das sehr exotisch, aber Johannes war in seinem Element, er kannte die dazugehörigen Namenspatrone aus seiner Zeit im Osten genau und informierte die Mutter über ihre Legenden. Besonders gefiel ihm der Name des Jüngsten – die russische Entsprechung für Johannes, Giovanni. Sein Vater, sein Großvater hatten Giovanni geheißen. »Iwan! Iwan, das wäre ja ich, der ich Johannes heißen wollte. Ich habe für beide, Johannes den Täufer und Johannes den Evangelisten, eine solche Vorliebe, dass ich sie nach meiner Wahl zum Papst bat, mich während meines Pontifikats als Schutzengel zu begleiten. Wenn Sie nach Hause kommen, Madame, bringen Sie Iwan einen zärtlichen Gruß; die beiden anderen werden mir das nicht übelnehmen.« Auch so macht man Politik, indem man Saatkörner der Menschlichkeit in die Furchen eines gefrorenen Ackers streut.

Nach der Audienz äußerte sich Adschubej gegenüber der rechten Wochenzeitung *Il Tempo:* »Das ist ein Mensch von großer und echter Schlichtheit. Sie richten Ihren Blick auf ihn, Sie schauen ihn an, und Sie haben sofort eine große Achtung und gleichzeitig ein plötzliches Zutrauen zu ihm.«

Doch die an eine Romanze erinnernde Begegnung in der päpstlichen Bibliothek hatte eine schreckliche Kehrseite: Valerij Aleksejew behauptet, Dialoggegner im *KGB* hätten in Rom ein Attentat – in Form eines inszenierten Autounfalls – auf Adschubej vorbereitet. Chruschtschows Schwiegersohn habe von dem Plan jedoch erfahren und den Wagen gewechselt;

Opfer des Anschlags sei dann ein Korrespondent der *Iswestija* geworden, der pikanterweise im Dienst des *KGB* gestanden habe.

Im Umfeld des Adschubej-Besuchs wurde auch publik, dass der Papst den Friedenspreis der internationalen Balzan-Stiftung erhalten sollte. Im Staatssekretariat erhob sich Kritik; für einen Papst schicke es sich nicht, einen Preis anzunehmen und mit anderen um eine Leistung zu konkurrieren, die zu seinem Amt als Petrusnachfolger gehöre.

Gipfeltreffen mit Adenauer und Pablo Picasso?

Johannes XXIII. zeigte sich von dem Tadel unbeeindruckt. Für seine Enzyklika *Pacem in terris* (Friede auf Erden), die er selbst als sein Vermächtnis betrachtete, konnte er jede Art von Publicity brauchen. Das am 11. April 1963 veröffentlichte Rundschreiben ist als erste Enzyklika der Kirchengeschichte nicht nur an Bischöfe, Kleriker und Katholiken gerichtet, sondern ausdrücklich »an alle Menschen guten Willens«.

Pacem in terris, dieses erschütternde Testament eines Todgeweihten, macht einen dauerhaften Frieden von einer gerechten Weltordnung abhängig, setzt auf gegenseitiges Vertrauen und aufrichtige Verträge, sieht die elementaren Menschenrechte – auch die der Minderheiten – im Evangelium begründet. Johannes spricht nicht nur vom Recht der Kirche, frei und ungehindert ihren Glauben zu verkünden, wie das bisher üblich war, sondern sehr deutlich auch vom Recht jedes Menschen, Gott entsprechend seinem Gewissen zu verehren, vom Recht der Staatsbürger, aktiv am öffentlichen Leben teilzunehmen, vom Recht der so genannten Entwicklungsländer, über ihre Zukunft selbst zu entscheiden.

In den charakteristischen Emanzipationsbewegungen der modernen Welt – sozialer Aufstieg der Arbeiterklasse, Teilnahme der Frauen am öffentlichen Leben, politische Unabhängigkeit der bisher von anderen beherrschten Völker – sieht Johannes XXIII. den Heiligen Geist durch die Geschichte wehen. Die Katholiken sollen dabei mitwirken und auch mit Andersdenkenden zusammenarbeiten, wenn es dem Gemeinwohl dient.

Es hat auch vor Johannes schon Päpste gegeben, die mit Leidenschaft für den Frieden gekämpft haben und denen das gegenseitige Abschlachten der Völker das Herz gebrochen hat wie Benedikt XV. im Ersten Weltkrieg. Aber Roncalli ächtet als erster das Gemetzel in jeder Form als verbrecherisch. Er kann sich keinen »gerechten Krieg« mehr vorstellen, glaubt nicht an die abschreckende Wirkung von Hochrüstung und Atomwaffen und teilt die Überzeugung vieler, im Nuklearzeitalter sei der Krieg kein geeignetes Mittel mehr, verletzte Rechte wiederherzustellen. Differenzen zwischen den Völkern seien durch Verträge und Verhandlungen beizulegen, nicht mit Waffengewalt.

Johannes XXIII: »Daher fordern Gerechtigkeit, gesunde Vernunft und der Sinn für menschliche Würde, dass das allgemeine Wettrüsten aufhört; dass ferner die Waffen, die in verschiedenen Staaten bereits zur Verfügung stehen, auf beiden Seiten und gleichzeitig reduziert werden; dass die Atomwaffen verboten werden und schließlich von allen eine wirksame gegenseitige Abrüstungskontrolle vereinbart wird.« Nicht durch ein fragiles militärisches Gleichgewicht lasse sich der Friede wirklich sichern, »sondern allein durch gegenseitiges Vertrauen« und durch die »Gesetze einer gesunden Vernunft«.

Das Echo war auch diesmal gespalten. »Utopische Träume«, höhnte die *New York Times,* die genau registrierte, dass sich Johannes mit seinen Abrüstungsvorschlägen im Gegensatz zur amerikanischen Politik befand. Die Vollversammlung der Vereinten Nationen hingegen ließ sich die Enzyklika von Kardinal Suenens erläutern und stellte zahlreiche interessierte Fragen; schließlich hatte Johannes auch die Existenz der *UNO* und deren 1948 verabschiedete *Allgemeine Erklärung über die Menschenrechte* zu den gottgewirkten »Zeichen der Zeit« gerechnet.

Ende April tobte die rechte italienische Presse, nachdem die Kommunisten bei der Parlamentswahl mehr als eine Million Stimmen hinzugewonnen hatten. Natürlich war Papst Johannes mit seiner Audienz für die Chruschtschow-Familie und mit seiner treuherzigen Friedensenzyklika an allem schuld. Sympathisierte er nicht mit dem umstrittenen Aldo Moro, der von einer *apertura a sinistra,* von der Öffnung seiner Christdemokratischen Partei nach links, ja sogar von Bündnissen mit Sozialisten träumte? Hatte nicht Kardinal Ottaviani gegenüber hohen Militärs davor gewarnt, die Audienz für Adschubej und die »Einführung der Unterscheidung zwischen Irrtümern und Irrenden« in *Pacem in terris* werde die schlimmsten Folgen zeitigen? »*Falcem in terris*« titelte eine Mailänder Zeitung bitterböse: »Sichel auf Erden«, in Anspielung auf die kommunistischen Symbole Hammer und Sichel.

Entsetzte Kommentare gab es auch in den konservativen bundesdeutschen Medien. Andere Presseleute wiederum waren begeistert: *Time Life* lud Papst Johannes, Kennedy, Chruschtschow, Adenauer, de Gaulle, Pablo Picasso und den reformierten Schweizer Theologen Karl Barth (alles prominente Titelbildhelden der *Time)* zu einem Gipfeldinner in New York ein. Johannes soll nicht prinzipiell abgelehnt haben; so eine Idee brauche Zeit, um zu reifen.

Den Klang der größten Glocke von Taizé, die von der öku-

menischen Brüdergemeinschaft *Pacem in terris* getauft wur-
de, konnte der Papst nicht mehr hören, genauso wenig wie die
Chorsinfonie *Pacem in terris,* die der Jude Darius Milhaud zur
Einweihung des neuen Pariser Rundfunkgebäudes kompo-
nierte: Johannes hatte die einzige vertonte Enzyklika in der
Geschichte des Christentums geschrieben.

Am 1. Mai, Johannes hat noch vier Wochen zu leben und
sieht mit seinem zusammengeschrumpften Gesicht und den
glanzlosen, müden Augen aus wie der Bewohner einer anderen
Welt, stellt ihm ein amerikanischer Monsignore den Geheim-
dienstler John McCone vor, der den Papst vor dem schlauen
Kremlchef und den nicht ganz so schlauen italienischen Kommunisten warnt – und auf Granit beißt. »Ich werde meinen
Stil nicht wegen der ungehörigen Aufregung ändern, mit der
manche Leute Kirchenmänner einzuschüchtern suchen«,
erklärt Johannes ungewöhnlich frostig. »Mein Segen gilt allen
Völkern, und ich enthalte keinem mein Vertrauen vor.«

Zwei Wochen später wird ihn US-Präsident Kennedy, der
Katholik im Weißen Haus, trösten: Über Kardinal Cushing von
Boston lässt er den Papst wissen, »dass die Regierung der USA
die Andeutungen, die in der Presse und in gewissen politischen
Kreisen zu hören sind, bedauert und für unbegründet hält«.
Im vatikanischen Staatssekretariat ist man nicht so verständnisvoll: Monsignore Dell'Acqua und andere Mächtige verhindern, dass der *Osservatore, Radio Vatikan* und die übrigen
offiziösen Kirchenmedien Details über das Gespräch mit
Adschubej veröffentlichen, wie es der Papst gewünscht hat,
um den ausufernden Spekulationen über Zugeständnisse oder
bevorstehende politische Bündnisse entgegenzutreten.

Wenn der gewöhnlich hervorragend informierte Vatikan-
Insider Giancarlo Zizola recht hat, beklagte sich Johannes bitter über diese Obstruktionspolitik: Die »unbedingte Klarheit«

seiner Worte habe es verdient, »bekannt und nicht unter einem Vorwand zurückgehalten zu werden. Es sollte deutlich gesagt werden, dass der Papst sich nicht zu verteidigen braucht. (...) Aber die erste Sektion [des Staatssekretariats] stimmt nicht zu, und das gefällt mir ganz und gar nicht. Ein Wunsch des Papstes (...)! Ich beklage und bedauere diejenigen, die sich in den letzten Tagen zu unaussprechlichen Winkelzügen haben hinreißen lassen.«

Das Testament eines Propheten

Es waren wohl dieselben Kräfte, die sich im November 1964 und dann noch einmal im Oktober 1965 entsetzt gegen den Vorschlag etlicher Bischöfe stemmten, das Konzil möge Johannes XXIII. *per acclamationem* heilig sprechen, wie es im Lauf der Kirchengeschichte bisweilen auf Synoden geschehen war. Aber zum einen wollte man das mittlerweile eingeführte, sehr penible Verfahren, das einer Selig- oder Heiligsprechung vorausgeht und das Leben des Kandidaten bis in die verborgensten Winkel durchleuchtet, nicht durch so eine Spontanhandlung diskreditieren. Zum anderen fürchteten einflussreiche Kurienkreise, die von ihnen abgelehnte »Roncalli-Linie« würde dadurch zur nicht mehr hinterfragbaren Norm geadelt. Der damals für Heiligsprechungen zuständige Kardinal Palazzini, so wird kolportiert, habe sogar offen erklärt, gerade wegen des Konzils werde man Johannes niemals zur Ehre der Altäre erheben können.

Das ist nun am 3. September 2000 glücklich geschehen; doch bezeichnenderweise wurde Angelo Roncalli im »Doppelpack« mit dem völlig anders gearteten Pius IX. selig gesprochen, der von 1846 bis 1878 regierte, ein geschickter seelsorglicher Praktiker war, zunächst als Hoffnungsträger kirchlicher Öffnung auftrat, dann jedoch unter dem Eindruck politischer Entwicklungen zum engherzigen Kulturkämpfer wurde. Sein *Syllabus* (1864) verurteilte »Fortschritt, Liberalismus und moderne Zivilisation« in 80 detaillierten Bannflüchen. Moderne Kirchenhistoriker werfen ihm dazu auch noch den Befehl zu Raub und Zwangstaufe jüdischer Kinder vor.

Den von Papst Johannes »so meisterhaft auch für die Zukunft vorgezeichneten Weg« wird die Kirche dennoch nicht mehr verlassen können, wie es Kardinal Montini – der wenige Tage später sein Nachfolger werden sollte – formulierte. Er habe, so Montini in einem Nachruf im *Corriere della Sera,* »der Kirche ein tieferes Bewusstsein ihrer selbst und der Sendung, die Christus in ihr fortsetzt, vermittelt« und in ihrem Schoß »ungeheure geistliche Energien geweckt, die sie lebendig und jung erscheinen lassen«.

Wenn von Roncallis Vermächtnis die Rede ist, wird meist das tief fromme, aber etwas bieder klingende *Geistliche Testament* von 1954 zitiert. Aber es gibt noch ein anderes Vermächtnis, weit nach vorwärts in die Zukunft blickend, schlichte Lebensbilanz und zugleich eine mitreißende Vision von Kirche.

In den letzten Maitagen 1963 fühlt Johannes, dass sein Leben zu Ende geht. Er ist sterbensmüde, wird künstlich ernährt, erhält Bluttransfusionen und Plasma. Am Fest Christi Himmelfahrt hat er sich zum letzten Mal den Menschen auf dem Petersplatz gezeigt. Tags darauf versammelt er seine engsten Mitarbeiter um sich – seinen Sekretär Loris Capovilla, Monsignore Dell'Acqua vom Staatssekretariat, Kardinal Amleto Cicognani als den Senior des heiligen Kollegiums –, richtet sich im Bett auf und erklärt feierlich, im Angesicht des Todes seinen Glauben erneuern zu wollen.

So hielten es die Priester damals, zumindest in Italien: Wenn es ans Sterben ging, schauten sie noch einmal auf ihr Leben zurück, erinnerten sich an die früh erwachte Liebe zu Jesus, traten vor ihn hin, der bald ihr Richter sein würde, und sprachen: Bei allen Schwächen und Irrwegen habe ich versucht, dir treu zu bleiben; sei nun auch du mir treu, decke mit deiner Barmherzigkeit zu, was falsch und schlecht war, und nimm mich in dein Paradies auf.

Oft und oft hat Johannes so gebetet, sein Gewissen erforscht, sein Vertrauen auf Gottes verzeihende Güte erneuert; das *Giornale dell' Anima* gibt Zeugnis davon. Doch was er jetzt seinen Mitarbeitern sagt, klingt anders. Unbekümmert darum, dass sie ihm nicht immer gefolgt sind, erläutert er ihnen noch einmal die Motive seines Handelns, seine Sehnsucht nach Frieden, seine Liebe zu den Menschen. Ein letztes Mal lässt er erkennen, wie er verstanden und in Erinnerung bleiben möchte.

Capovilla hat das ungewöhnliche Vermächtnis aufgezeichnet: »In Gegenwart meiner Mitarbeiter«, sagte Johannes, »kommt es mir spontan in den Sinn, den Akt des Glaubens zu erneuern. So gehört es sich für uns Priester; denn zum Wohl der ganzen Welt haben wir es mit den Dingen des Himmels zu tun, und deshalb müssen wir uns vom Willen Gottes leiten lassen. Heute sind wir mehr denn je, gewiss mehr als in den letzten Jahrhunderten, darauf ausgerichtet, dem Menschen als solchem zu dienen, nicht nur den Katholiken, darauf, vorrangig und überall die Rechte der menschlichen Person und nicht nur die der katholischen Kirche zu verteidigen.«

»Die heutige Situation«, so fährt Johannes fort, »die Herausforderungen der letzten fünfzig Jahre und ein vertieftes Glaubensverständnis haben uns mit neuen Realitäten konfrontiert, wie ich in meiner Rede zur Konzilseröffnung sagte.

Nicht das Evangelium ist es, das sich verändert, nein, wir sind es, die gerade anfangen, es besser zu verstehen. Wer ein ziemlich langes Leben hatte, wer sich am Anfang dieses Jahrhunderts den neuen Herausforderungen einer sozialen Tätigkeit gegenübersah, die den ganzen Menschen in Anspruch nimmt, wer wie ich zwanzig Jahre im Orient und acht in Frankreich verbrachte und dabei verschiedene Kulturen miteinander vergleichen konnte, der weiß, dass der Augenblick gekommen ist, die Zeichen der Zeit zu erkennen, die von ihnen gebotenen Möglichkeiten zu ergreifen und weit nach vorn zu blicken.«

Es ist das Testament eines Propheten. Eines Propheten wie Mose, der ein träges, halsstarriges, sich nach seinem Sklavendasein zurücksehnendes Volk in eine bessere Zukunft geführt hat und jetzt auf dem Berg Nebo sterbend das Gelobte Land sieht.

ZEITTAFEL

1881 (25.11.)	Angelo Giuseppe Roncalli wird in einer Land-pächterfamilie im lombardischen Sotto il Monte geboren
1892–1900	Im Knabenseminar und Priesterseminar in Bergamo
1901–1905	Theologiestudium in Rom
1901/02	Militärdienst im 73. Infanterieregiment in Bergamo
1904 (10.8.)	Priesterweihe in Rom
1905–1914	Sekretär von Bischof Giacomo Maria Radini-Tedeschi in Bergamo, Dozent für Kirchengeschichte und Patrologie, Zeitungsredakteur, Geistlicher Beirat der katholischen Frauenvereinigung
1915–1918	Kriegsdienst als Sanitätsunteroffizier in nord-italienischen Lazaretten
1919/20	Leiter eines Studentenheims und Spiritual am Priesterseminar von Bergamo
1921–1924	Präsident des Zentralrates der Päpstlichen Missions-werke Italiens bei der vatikanischen Kongregation für die Glaubensverbreitung *Propaganda Fide*
1924 (Nov.)	Professor für Patrologie an der Päpstlichen Lateran-Universität
1925–1934	Apostolischer Visitator, später Apostolischer Delegat in Bulgarien, Amtssitz: Sofia
1925 (19.3.)	Bischofsweihe in Rom
1935–1944	Apostolischer Delegat in der Türkei und in Griechenland, Amtssitz: Istanbul
1945–1952	Päpstlicher Nuntius in Paris
1953 (12.1.)	Ernennung zum Kardinal

1953–1958	Patriarch von Venedig
1958 (9.10.)	Papst Pius XII. stirbt
1958 (28.10.)	Roncalli wird zum Papst gewählt
1958–1963	Pontifikat als Johannes XXIII.
1958 (4.11.)	Krönung im Petersdom
1959 (25.1.)	Ankündigung des Zweiten Vatikanischen Konzils
1961 (15.5.)	Sozialenzyklika *Mater et Magistra*
1962 (11.10.)	Eröffnung des Zweiten Vatikanischen Konzils im Petersdom
1963 (11.4.)	Friedensenzyklika *Pacem in terris*
1963 (3.6.)	Johannes XXIII. stirbt 81-jährig
1963 (6.6.)	Beisetzung in den Vatikanischen Grotten
2000 (3.9.)	Seligsprechung in Rom

DIE PÄPSTE DES 20. JAHRHUNDERTS

Leo XIII. (Gioachino Graf Pecci)	1878–1903
Pius X. (Giuseppe Sarto)	1903–1914
Benedikt XV. (Giacomo della Chiesa)	1914–1922
Pius XI. (Achille Ratti)	1922–1939
Pius XII. (Eugenio Pacelli)	1939–1958
Johannes XXIII. (Angelo Giuseppe Roncalli)	1958–1963
Paul VI. (Giovanni Battista Montini)	1963–1978
Johannes Paul I. (Albino Luciani)	26.8.–28.9.1978
Johannes Paul II. (Karol Woityla)	seit 16.10.1978

BENUTZTE LITERATUR IN AUSWAHL

Discorsi, Messaggi, Colloqui del Santo Padre Giovanni XXIII. 6 Bände.
Città del Vaticano 1960–1967

Giovanni XXIII.: Il cardinale Cesare Baronio. Roma 1961 (deutsch:
Roncalli, Angelo: Baronius. Einsiedeln 1963)

– : Il Giornale dell' Anima e altri scritti di pietà. Roma 1964 (deutsch:
Johannes XXIII.: Geistliches Tagebuch und andere geistliche Schriften.
Freiburg im Breisgau [9]1964)

– : Lettere 1958–1963. Ed. Loris Capovilla. Roma 1978

– : Lettere ai Familiari. Roma 1968 (deutsch: Johannes XXIII.: Briefe an
die Familie I, 1901–1944; II, 1945–1962. Hrsg. von Loris Francesco
Capovilla. Freiburg im Breisgau 1969/70)

Johannes XXIII.: Erinnerungen eines Nuntius. Freiburg im Breisgau 1965

Alberigo, Angelina e Giuseppe: Giovanni XXIII. Profezia nella fedeltà
(Dipartimento di scienze religiose 10). Brescia 1978

Alberigo, Giuseppe / Wittstadt, Klaus (Hrsg.): Ein Blick zurück – nach
vorn: Johannes XXIII. Spiritualität – Theologie – Wirken (Studien zur
Kirchengeschichte der neuesten Zeit 2). Würzburg 1992

Alberigo, Giuseppe (Ed.): L' Età di Roncalli. In: Cristianesimo nella storia 8
(1987) 1–217

Algisi, Leone: Johannes XXIII. München 1960

Andreotti, Giulio: A Ogni Morte di Papa – I Papi che ho conosciuto.
Milano 1980 (deutsch: Meine sieben Päpste. Begegnungen in beweg-
ten Zeiten. Freiburg im Breisgau 1982)

Arendt, Hannah: Menschen in finsteren Zeiten. Hrsg. von Ursula Ludz.
München/Zürich 1989

Bergerre, Max: Ich erlebte vier Päpste. Ein Journalist erinnert sich.
Freiburg im Breisgau 1979

Capovilla, Loris: Johannes XXIII. Papst des Konzils, der Einheit und des
     Friedens. Nürnberg/Eichstätt [2]1964
– : Ite Missa Est. Padua/Bergamo 1983
– : Giovanni XXIII. Quindici Letture. Roma 1970
Cousins, Norman: The Improbable Triumvirate, in: The Saturday Review,
     30.10.1971
Dorn, Luitpold A.: Johannes XXIII. Auf ihn berufen sich alle.
     Graz/Wien/Köln 1986
Elliott, Lawrence: Johannes XXIII. Das Leben eines großen Papstes.
     Freiburg im Breisgau 1974
Fesquet, Henri: Humor und Weisheit Johannes des Guten. Frankfurt am
     Main 1965
Galli, Mario von / Moosbrugger, Bernhard: Das Konzil und seine Folgen.
     Luzern/Frankfurt a.M. o.J.
Hales, Edward E.: Pope John and his Revolution. London 1965
Hebblethwaite, Peter: John XXIII. Pope of the Council. London 1984
     (deutsch: Johannes XXIII. Das Leben des Angelo Roncalli. Zürich/
     Einsiedeln/Köln 1986)
Helbling, Hanno: Politik der Päpste. Der Vatikan im Weltgeschehen
     1958–1978. Berlin/Frankfurt a.M./Wien 1981
Hildesheimer, Wolfgang: Exerzitien mit Papst Johannes. Vergebliche
     Aufzeichnungen. Frankfurt a. M. 1979
Johannes XXIII. Das Leiden und Sterben des Konzils–Papstes. Hrsg. von
     der Katholischen Nachrichten–Agentur. Bonn 1963
Johannes XXIII. Leben und Werke. Eine Dokumentation in Text und Bild
     hrsg. von der »Herder–Korrespondenz«. Freiburg im Breisgau 1963
Kaufmann, Ludwig: Damit wir morgen Christ sein können. Vorläufer im
     Glauben. Freiburg im Breisgau 1984
– / Klein, Nikolaus: Johannes XXIII. Prophetie im Vermächtnis.
     Fribourg/Brig 1990
Lazzarini, Andrea: Johannes XXIII. Das Leben des neuen Papstes. Freiburg
     im Breisgau 1958

Lenz–Medoc, Paulus: Nuntius Angelo Giuseppe Roncalli. Erinnerungen.
In: Hochland 51 (1958/59) 497–507

Lercaro, Giacomo Kardinal: Giovanni XXIII. Linee per una ricerca storica.
Rom 1965 (deutsch: Johannes XXIII. Entwurf eines neuen Bildes.
Freiburg im Breisgau 1967)

Mertens, Heinrich A. (Hrsg.): Ich bin Joseph euer Bruder. Chronik – Dokumente – Perspektiven zum Leben und Wirken Papst Johannes XXIII.
Recklinghausen 1959

Nikodim, Metropolit von Leningrad und Nowgorod: Johannes XXIII. Ein
unbequemer Optimist. Hrsg. von Robert Hotz.
Zürich/Einsiedeln/Köln 1978

Nürnberger, Helmuth: Johannes XXIII. mit Selbstzeugnissen und Bilddoku-
menten (rowohlts monographien). Reinbek 1985

Pesch, Otto Hermann: Das Zweite Vatikanische Konzil. Vorgeschichte –
Verlauf – Ergebnisse – Nachgeschichte. Würzburg 1993

Rahner, Karl: Über die bleibende Bedeutung des Zweiten Vatikanischen
Konzils (Sonderdruck Nr. 5 der Katholischen Akademie in Bayern).
München 1979

Rouquette, Robert: Das Geheimnis Roncalli. In: Dokumente. Zeitschrift für
übernationale Zusammenarbeit 19 (1963) 251–260

Schneider, Theodor (Hrsg.): Der verdrängte Aufbruch. Ein Konzils–Lese-
buch. Mainz 1985

Stehle, Hansjakob: Die Ostpolitik des Vatikans 1917–1975.
München/Zürich 1975

Willam, Franz Michel: Vom jungen Angelo Roncalli (1903–1907) zum
Papst Johannes XXIII. (1958–1963). Innsbruck 1967

Zizola, Giancarlo: L'Utopia di Papa Giovanni. Assisi [2]1973

– : Quale Papa? Roma 1977

LEBEN IN BILDERN

»Hervorgegangen aus der Armut und den kleinen Verhältnissen
von Sotto il Monte,
habe ich versucht, mich niemals davon loszulösen« –
Im Bild der Hof des einfachen Bauernhauses in der Lombardei,
wo Angelo Giuseppe Roncalli am 25. November 1881
geboren wurde.
Foto: Herder, Rom

*Der knapp 20-jährige Angelo Roncalli 1901 als Soldat
des 73. Infanterieregimentes in Bergamo*

FOTO:

HELMUTH NILS LOOSE/ALPHA OMEGA, LEVALLOIS-PERRET (F)

»Oft konnte ich mich nur noch auf die Knie werfen
und wie ein Kind weinen« –
Im Ersten Weltkrieg diente Angelo Roncalli
als Sanitätsunteroffizier in norditalienischen Lazaretten
(hier in Bergamo 1915).

»Don Roncalli hat sogar versucht,
die Telefonistinnen zu organisieren« –
Roncalli als Bischofssekretär in Bergamo 1919
Foto:
Helmuth Nils Loose/Alpha Omega, Levallois-Perret (F)

»Wenn sie sehen, dass ich einfach nur die Wahrheit sage,
meinen sie: Wie geschickt der Mann doch ist!« –
Als Doyen des Diplomatischen Corps hält Nuntius Roncalli
die Begrüßungsrede beim Neujahrsempfang
von General de Gaulle, Paris 1945.
Foto: Italy's News Photos, Roma

Der französische Staatschef Vincent Auriol setzt
dem neu ernannten Kardinal Roncalli am 15. Januar 1953
das Kardinalsbirett auf.
Foto aus: Giovanni XXIII. Marietti Ed. Ltd., Torino

»Ich will einfach Euer Bruder sein« –
Angelo Roncalli zieht am 15. März 1953
auf dem Canale Grande als Patriarch in Venedig ein.
Foto aus: Loris Capovilla,
»L'ite missa est di papa Giovanni«. Padova 1983.

Papst Pius XII. und Kardinal Roncalli in Rom:
Vorgänger und Nachfolger, Typ und Gegentyp,
majestätische Lichtgestalt und erdverbundener Plauderer
FOTO: FELICI

Unter Blumen verborgen:
Kardinal Masella überreicht dem soeben gewählten Papst
am 28. Oktober 1958 den Schlüssel der Lateran-Basilika,
seiner römischen Bischofskirche.

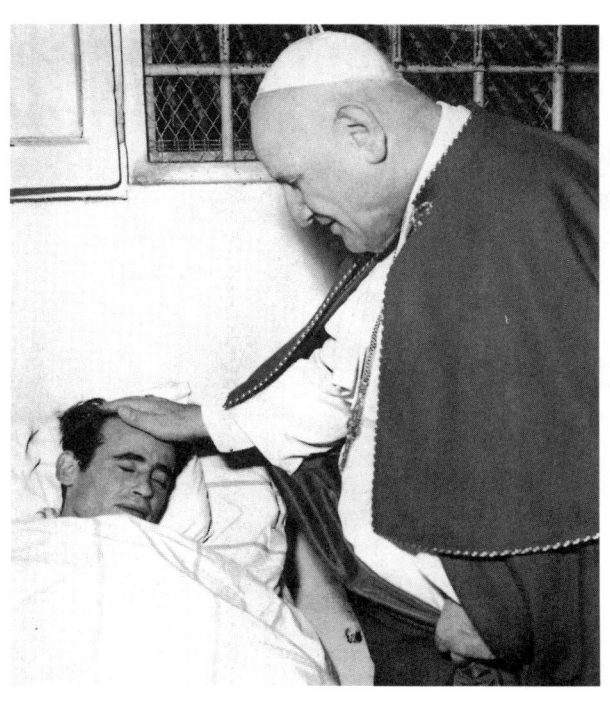

»Ihr konntet nicht zu mir kommen,
also bin ich bei Euch« –
Am Weihnachtsfest 1958 besucht Papst Johannes
das römische Zentralgefängnis »Regina Coeli«
(hier die Krankenstation)
und lässt sich auch die Zellen der Mörder aufsperren.
Foto: Giordani

Bundeskanzler Dr. Konrad Adenauer
hielt Johannes XXIII. für politisch naiv –
Visite des deutschen Regierungschefs am 22. Januar 1960.
Foto: Giordani

Die Herzen der Kinder flogen ihm zu:
Die achtjährige Catherine Hudson aus Oklahoma City (USA),
unheilbar an Leukämie erkrankt,
1962 in ihrem Kommunionkleid zu Besuch bei Johannes XXIII.
Ihr größter Wunsch war es gewesen,
den »guten Papst« zu sehen.
FOTO: FELICI

Das Zeremoniell durchbrechend,
ging Johannes XXIII. gern zu Fuß durch die Straßen Roms.
Hier ist er 1962 auf dem Weg zum Capranica-Kolleg.
Der Volkswitz machte aus dem »Übergangspapst«
[Papa di passagio] den »Spaziergangspapst«
[Papa di passeggio].
FOTO: UPI

»Ich will mit dem größten Freimut zu Euch reden« –
Ostern 1963: der Papst bei einer seiner Stegreifansprachen
an den römischen Straßenecken.
FOTO: BUNTE, SONDERHEFT 1963

*»Aus allen Teilen der Welt steigt der Angstschrei auf:
Friede, Friede!« – Am 11. Mai 1962 nimmt Johannes XXIII.
aus der Hand des italienischen Staatspräsidenten Antonio Segni
den Friedenspreis der Internationalen Balzan-Stiftung
entgegen. Eigentlich gelte diese Ehre nicht ihm,
kommentierte der Papst, sondern dem Friedensfürsten,
dessen Stellvertreter er nur sei.*

Foto: Giordani

*»Eine glühende Erneuerung des Lebens der Kirche,
eine neue und kraftvolle Ausstrahlung des Evangeliums
in der ganzen Welt« –
Um Segen für das bald darauf beginnende Konzil zu erbitten,
bricht Papst Johannes am 4. Oktober 1962
vom römischen Bahnhof Trastevere zu seiner letzten
irdischen Pilgerfahrt nach Loreto und Assisi auf.*
Foto: OPA

233

Er führte sein Leben lang Tagebuch,
mit schlichten Vorsätzen
und regelmäßiger Gewissenserforschung:
Handschriftliche Aufzeichnungen von Papst Johannes
FOTO AUS: LORIS CAPOVILLA,
»L'ITE MISSA EST DI PAPA GIOVANNI«. PADOVA 1983

234

»Man redet immer noch viel zu sehr von ›an sich‹
statt ›für den Menschen‹« – Johannes XXIII.
verliest am 22. Dezember 1962 seine letzte Weihnachtsbotschaft,
einen erneuten dringlichen Aufruf an die ganze Welt zu Einheit
und Frieden. Obwohl er am folgenden Weihnachtsfest noch
dreimal die hl. Messe feiern wird, sind die Spuren
seiner ernsten Krankheit unverkennbar.

FOTO: FELICI

*Vom Tod gezeichnet: Papst Johannes bei seinem letzten
öffentlichen Auftreten, am Fenster seiner Wohnung hoch über
dem Petersplatz, am 22. Mai 1963, Christi Himmelfahrt.*

FOTO AUS: LORIS CAPOVILLA,

»L'ITE MISSA EST DI PAPA GIOVANNI«. PADOVA 1983

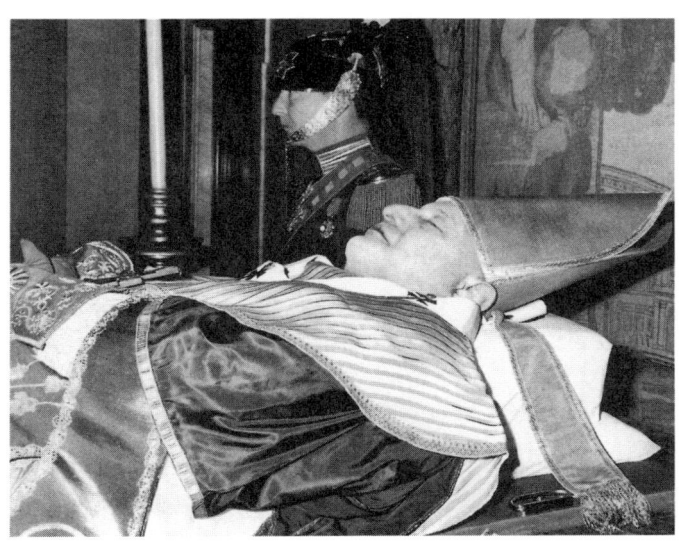

»Wir sind nicht als Museumswächter auf der Erde,
sondern um einen blühenden Garten voller Leben zu pflegen
und eine herrliche Zukunft vorzubereiten« –
Für die Einheit der Christen und den Frieden der Welt wollte
Johannes XXIII. in einem langen, schmerzhaften Todesweg sein
Leben opfern: der am 3. Juni 1963 gestorbene Papst,
aufgebahrt in St. Peter.

Foto: Giordani

Worte der Güte, Herzlichkeit und Menschenliebe von Johannes XXIII.

Johannes XXIII.
Weisheit eines
weiten Herzens

Neuausgabe zur Seligsprechung!

Herder

144 Seiten, Pappband
ISBN 3-451-27319-5

Herzlichkeit und Einfachheit, Klugheit und Menschenliebe
zeichneten Papst Johannes XXIII. aus – und sie sind es auch,
die Menschen immer noch und neu berühren.
In diesem Buch sind die zentralen Gedanken aus seinem „Geist-
lichen Tagebuch" und den „Briefen an die Familie" versammelt.
Aus ihnen sprechen die Güte und Gelassenheit eines Menschen,
der sich der ständigen Gegenwart Gottes gewiss ist.
Es sind Worte von befreiender Einfachheit, Leuchtspuren einer
Hoffnung, ermutigende Zeichen dafür, dass es in Leben und
Glauben ungeahnte Möglichkeiten zu entdecken gibt.

HERDER

Außergewöhnliche Biographien von Christian Feldmann:

Die Liebe bleibt
Das Leben der Mutter Teresa
Mit einem Vorwort von Frère Roger, Taizé
4. Auflage, 160 Seiten mit Abbildungen,
gebunden mit Schutzumschlag
ISBN 3-451-26285-1

Edith Stein
Jüdin, Atheistin, Ordensfrau
4. Auflage, 160 Seiten, zahlreiche Fotos,
gebunden mit Schutzumschlag
ISBN 3-451-26387-4

Die schwarze Nacht des Glaubens
Thérèse von Lisieux
192 Seiten, Paperback
ISBN 3-451-26340-8

Elie Wiesel – ein Leben gegen die Gleichgültigkeit
192 Seiten, Paperback
Herder/Spektrum, Band 4705
ISBN 3-451-04705-5

Hildegard von Bingen
Nonne und Genie
5. Auflage, 288 Seiten, Paperback
Herder/Spektrum, Band 4435
ISBN 3-451-04435-8

Neuer Geist sucht neue Formen
Regina Protmann – Gründerin der Katharinenschwestern
192 Seiten, gebunden mit Schutzumschlag
ISBN 3-451-26794-2

Wir hätten schreien müssen
Das Leben des Dietrich Bonhoeffer
192 Seiten, Paperback
Herder Spektrum, Band 4610
ISBN 3-451-04610-5

HERDER